福建省教育科学"十三五"规划

2016年度海峡两岸职业教育专项研究重点课题（编号FJJKHX16-060）研究成

闽台与东南亚商贸历史研究中心研究成果

中国传统文化与职业教育

——闽台教育交流探究

黄梅红　著

厦门大学出版社　国家一级出版社
XIAMEN UNIVERSITY PRESS　全国百佳图书出版单位

图书在版编目(CIP)数据

中国传统文化与职业教育:闽台教育交流探究/黄梅红著.—厦门:厦门大学出版社,2019.12
ISBN 978-7-5615-6943-6

Ⅰ.①中… Ⅱ.①黄… Ⅲ.①高等职业教育—中华文化—教育研究—文化交流—福建、台湾 Ⅳ.①K203

中国版本图书馆 CIP 数据核字(2019)第 251791 号

出 版 人	郑文礼
责任编辑	章木良
封面设计	李嘉彬
技术编辑	朱 楷

出版发行 厦门大学出版社

社　　址　厦门市软件园二期望海路 39 号
邮政编码　361008
总　　机　0592-2181111　0592-2181406(传真)
营销中心　0592-2184458　0592-2181365
网　　址　http://www.xmupress.com
邮　　箱　xmup@xmupress.com
印　　刷　厦门集大印刷厂

开本　889 mm×1 194 mm　1/32
印张　7.125
插页　2
字数　250 千字
版次　2019 年 12 月第 1 版
印次　2019 年 12 月第 1 次印刷
定价　42.00 元

厦门大学出版社
微信二维码

厦门大学出版社
微博二维码

目　录

第一章 中国传统文化综述

　　中华民族上下五千年,形成灿烂的中华文化与历史文明。中华大地形成的文化始终没有中断过,中国在五千年的历史上曾是文明大国、文化大国,是推动人类文化多样化及多元化发展的坚不可摧的力量。从绵延万里、抵御外敌入侵的军事设施长城到风景旖旎、滋养华夏儿女的母亲河黄河,从结绳记事到神秘的甲骨文再到飘逸的行草,从"关关雎鸠"的《诗经》到博大精深的《红楼梦》,从古朴肃穆的商周青铜器到温润如玉的明清瓷器,从写字的毛笔到吃饭的筷子,从十二生肖到二十四节气,从祭祀祖先的清明到庆祝丰收的中秋……这些我们的身边事物、我们的生活习惯、我们的精神寄托,构成了中华民族的传统文化。诸多人物表达了自己对于中国传统文化现代价值的见解,思路不同,观点迥异。从文化价值观的层面看,根本问题在于各自对于中国传统文化现代价值的评价标准不同,而前提性的问题是何谓中国文化、中国传统文化,特别是如何理解中国传统文化的内涵。

　　本书试就中国传统文化的内涵、台湾地区职业教育的特征、台湾地区职业院校实施中传统文化教育的现状、台湾地区高职院校的评鉴体系、福建职业教育中传统文化教育的实施、加强闽台教育交流合作等进行梳理并加以研究论述,这显然具有重要的理论价值和实践意义。

第一节　中国传统文化的内涵

中华民族五千年来绵延不绝,我们的祖先在筚路蓝缕、矢志不渝的前进过程中,创造了光辉灿烂的物质文化和精神文化,农耕稻谷、饲养牲畜,铸铜冶铁、造纸印刷,改善了我们的生存环境,提升了我们的生活质量,保障了我们的衣食住行等生存之需,更扩大了我们发展的空间。中国传统文化是一代又一代中华先民智慧的结晶,体现了先民对自然和社会的认识,展现了先民对物质生活和精神生活的追求,展示了中华民族的精神风貌。它是我们灵魂的容器,滋养着我们的心灵,启迪着我们的认知,激发着我们的创造力,塑造着我们的精神家园;它博大精深、流光溢彩,至今我们仍为拥有这份丰厚的财富而感到无比骄傲与自豪。

首先,我们来了解一下文化与中国文化的关系。

一、文化的含义

汉语中的"文化"一词由"文"和"化"组成,"文"字的甲骨文像人身上刻有花纹形,本义是文身,引申为花纹,再引申为文饰。"文化"一词的使用最早可追溯到西汉时期刘向所说的"圣人之治天下也,先文德而后武力"。古代"文化"社会含义被引申为文德之治教化民众,即通过教育成为有文学、艺术修养的人。发展到今天,其意义与古代有所不同,它是19世纪末通过日文转译,从西文引进的。这个词的英文、法文均为"culture",德文为"kulture",它们都是从拉丁文"cultura"演化来的。拉丁文 cultura 本义指耕作,后引申出居住、练习、留心或注意、敬神等意思,现在的英、法、德等语种还保留了这个拉丁文的某些含义。据《大英百科全书》的统计,在西方历史上对"文化"含义的阐述有 160 多种。

一般而言,文化包括三个层面的内容:物质文化、制度文化和精神文化。这里所说的"文化"是个"大文化"的概念,是人文、社会科学与现代自然科学技术的辩证统一。

作为文化传承重要载体之一的高等教育体系,是在完成中等教育的基础上进行的专业教育和职业教育,是培养高级专门人才和职业人员的主要社会活动。高等教育是教育系统中互相关联的各个重要组成部分之一。它通常以高层次的学习与培养、教学、研究和社会服务为其主要任务和活动。在 20 世纪后半叶,高等教育进入了发展史上极不寻常的扩展和质变阶段,社会对高级专门人才需求的迅速增长,以及个人对接受高等教育就学机会的迫切需要,使得高等教育以前所未有的速度发展,并且从精英教育走向大众化教育。因此,在文化继承和发展方面,肩负着十分特殊的社会责任和时代使命。

高等教育体系的重要主体是学生。当代大学生综合素质主要包括文化素质、思想道德素质、专业素质和身心素质,其中文化素质是基础。"素质"是先天与后天相结合的产物,在它的形成和发展过程中,"教育"起着主导性作用。所谓文化素质教育,就是利用人类所创造的一切优秀文化成果,特别是精神文化成果,通过具体的教育实践活动,提高受教育者(大学生)的文化品位、审美情趣和品格修养。[①]

那么,学术界是如何界定文化的含义呢?

克罗伯(A.L.Kroeber)和克拉柯亨(Clyd Kluchohn)认为"文

---

① 于语和,王景智,周滨.中国传统文化概论[M].天津:天津大学出版社,2001.

化是包含各种外显或内隐的行为模式文化的基本核心，包括由历史衍生及选择而成的传统观念，尤其是价值观念"。马林诺夫斯基（Malinowski）认为"文化是相对于传统的器物、货品、技术、思想、习惯及价值而言的"。[①] 英国人类学家拉德克利夫·布朗（Alfred Radcliffe-Brown）认为"文化乃是个人、群体或阶级与他人交往过程中体现的思想、感觉和生活方式"。

二、传统的含义

传统是"传"和"统"的复合。"传"的最初意义是传递物品，后引申为传授之意。"统"本义是丝的头绪，后引申为把握一个可以统领、控制根本或关键的因素。如果站在社会学的角度来解释"传统"这一词，按《现代汉语词典》的解释为：世代相传、具有特点的社会因素，如文化、道德、思想、制度等。如果站在文化学的角度来解释，则应为：世代相传，具有特点的文化因素，如风俗、道德、思想、作风、艺术、制度和行为方式等。实际上，传统就是指对一个国家、民族等团体具有根本性的事物、行为、信念、制度总和的世代传承。

三、中国文化与中国传统文化[②]

所谓中国文化，实际上就是中华民族的文化，指的是中华民族数千年发展过程中创造的、不断发展的、打上自身烙印的文化。它是以华夏文明为基础，充分整合全国各地域和各民族文化要素而形成的文化。不同于中华文化的国际属性，可以称之为"中国的文

---

① 马林诺夫斯基.文化论[M].费孝通,译.北京:北京民间文艺出版社,1987:2.

② 胡恒庆.中国传统文化[M].北京:中国人民大学出版社,2017:3-8.

化"。受中华文明影响较深的东方文明体系被称为"汉文化圈",特指社会意识形态,是社会政治、经济与科学技术发展水平的反映。

　　中国文化不仅对日本、朝鲜半岛产生过重要影响,还对越南、新加坡等东南亚、南亚国家乃至美洲地区产生了深远的影响。中国发达的造船技术和航海技术以及指南针技术首先应用于航海,才促进了人类所谓蓝色文明和环太平洋文化圈的形成(房仲甫、李二和《中国水运史》);郑和七下西洋更加深了中国文化的传播和辐射,并由此形成了世所公认的以中国文化为枢纽的东亚文化圈。随着中国国力的强盛,国际地位的提高,世界各国都对中国文化给予了高度的认同。

　　根据文化学家关于文化结构的见解,其构成包括物质文化、制度文化和思想文化等层面。对于中国传统文化的界定,学术界一向有不同的说法。一种观念认为,中国传统文化主要是中国古代思想家在周朝到清朝中叶这三千年中所提炼出来的,影响整个历史的观念体系和价值体系,它总是表现在迄今为止的制度行为和器物层面上。[1] 另一种观念认为,中国传统文化是在历史发展的进程中,保存在中华民族间最具有稳定形态的文化,从过去一直发展到现在。还有一种观念认为,传统文化是祖宗创造的具有继承活性的历史遗产。[2] 祖宗是指远古的羲皇、仓颉到晚近的康有为、梁启超等人物。继承活性就是指古为今用的价值,用生物学词语说,就是具有遗传基因,能够影响当代人思想,影响当代社会制度及人们的生活习惯、生活生产方式。例如,儒家学说、道家学说具

---

　　①　段联合,陈敏直,丁珊.中国传统文化[M].西安:西北大学出版社,2005:1-2.

　　②　庄严.何谓传统文化[J].兰州学刊,1997(2):25.

有很强的继承活性,影响和作用于国人的思想两千多年,至今仍有很强的生命力。

中国文化的概念,既包含地理概念,也包含文化概念:地理概念是指中国的版图,文化概念是指整个中华儿女的精神家园。中国文化是个内涵丰富、外延广阔的概念。就性质而言,它是中华民族赖以长期发展、不断进步的精神支撑和智力支持;就结构而言,它是包括物质文化、制度文化和思想文化等层面在内的完整系统;就内容而言,它是以汉民族文化为主体并包括各个少数民族文化在内的多元(汉族、藏族、蒙古族、维吾尔族、回族、苗族、壮族、哈萨克族……)一体(中华民族)的文化;就思想学术发展的历程而言,它是包括先秦子学、两汉经学、魏晋玄学、隋唐佛学、宋明理学、清代朴学和新学等不同发展阶段的文化实体;就学术流派而言,它是包括儒家、道家、墨家、法家、佛家、阴阳家、兵家、名家、杂家等在内的诸子百家分途发展而又相互碰撞交流吸收的结果;就载体而言,它包括经史子集之类的典籍和风俗习惯、生活方式等;就时代性而言,它不断发展,同时与时俱进,是彰显时代精神的产物;就民族性而言,它是前后相继、不断发展,体现民族智慧的重要载体;就价值取向而言,它是以中华民族精神为核心,以爱国主义为导向,蕴含团结统一、贵和尚中、守成创新、以人为本的一整套价值理念的整合;就历史发展阶段而言,它是指从古到今的中华民族的文化创造。

学者在最近三四十年的文化研究和文化建设实践中,常常把中国文化称为中国传统文化或传统文化。张岱年在《传统文化与现代化》一书中,认为传统文化就是中国传统文化;[①]20 世纪 80 年

---

① 张岱年.传统文化与现代化[M].北京:中华书局,1993.

代出版、李宗桂撰写的《中国文化概论》最后一章（第十五章）"传统文化与现代化"，认为所谓传统文化正是中国传统文化；[1]邵汉明主编的《中国文化研究二十年》第十章"传统文化与现代化关系研究"，也认为所谓传统文化是指中国传统文化。[2]同时，中国传统文化也常常被略称为中国文化。前述李宗桂撰写的《中国文化概论》，其所谓中国文化就是中国传统文化；张岱年、方克立主编的《中国文化概论》，其所谓中国文化也是指中国传统文化；[3]韦政通撰写的《中国文化概论》，其所谓中国文化也是指中国传统文化，而且他在"自序"中将中国文化和中国传统文化并用，还是在同等意义上使用。[4]类似情况随处都有，可谓学术界惯例。

中国传统文化，是中华文明成果根本的创造力，是民族历史上道德传承、各种文化思想、精神观念形态的总体，主要由儒、佛、道三家文化为主流组成。传统文化不仅思想深邃圆融，内容广博；更重要的是，儒家、佛家、道家三家文化高扬道德，为国人提供了立身处世的行为规范和最终的精神归宿。儒家以仁义教化为核心；道学以顺应自然为核心；佛学以慈悲、大爱、解脱为核心，强调"诸恶莫做，众善奉行"。

在儒、佛、道三家文化基础上派生出的各种艺术（如绘画、雕塑、书法、戏剧等）及民俗活动，是其具体表现形式。

中国传统文化首先包含儒、佛、道三家主流文化，其次是由此

---

①　李宗桂.中国文化概论[M].广州:中山大学出版社,1988.

②　邵汉明.中国文化研究二十年[M].北京:人民出版社,2006.

③　张岱年,方克立.中国文化概论[M].北京:北京师范大学出版社,2006.

④　韦政通.中国文化概论[M].长春:吉林出版集团有限责任公司,2008.

衍生出来的文字、语言、书法、音乐、武术、曲艺、棋类、节日、民俗等。传统文化与我们的生活息息相关，是融入我们生活的，我们享受它而不自知。比如，我们常用的词语"世界""信仰""投机""迷信""方便"等都来源于佛家文化。

具体地讲，中国传统文化以古文、古诗、词语、乐曲、赋、民族音乐、民族戏剧、曲艺、国画、书法等为载体。其传统节日（均按农历）有：正月初一春节（农历新年）、正月十五元宵节、四月五日清明节、清明前后的寒食节、五月五日端午节、七月七日七夕节、七月十五盂兰盆节、八月十五中秋节、九月初九重阳节、腊月初八腊八节、腊月三十除夕和各种民俗活动等；包括传统历法在内的中国古代自然科学以及生活在中国的各地区、各少数民族的传统文化也是中国传统文化的组成部分。

正如文化学者胡恒庆所言，中国传统文化是指中华民族在长期的发展历程中形成和发展起来的一种反映民族特质的、具有稳定形态的民族文化。它为中华民族所创造并世世代代继承和发展，具有鲜明的民族特色，包含中华民族思想观念、思维方式、价值取向、道德规范、生活方式、情感认同、风俗习惯、宗教信仰和文化艺术等诸多层次的丰富内容。台湾大学第四任校长傅斯年先生认为："现在世界上的民族中，没有一个文化像我们这样久远而中间不断的，埃及比我们的文明古，但现在的埃及和古代的埃及并不是一个民族。印度的文明同时发达，但印度经过很多民族和文化的变化。现在世界上一脉相承的文明古国，只有中国了。"因此，大家千万不要辜负"我们这个文明先觉者的地位"。中国传统文化根植于中国的历史进程、自然地理环境、社会经济与政治环境，有着自己的特征，概括起来主要有人本主义特征、兼容并蓄特征、伦理道德特征、和谐稳定特征。

中国传统文化具有人本主义特征。人本主义就是以人为本，这是中国传统文化绵延数千年仍旧充满活力的最重要因素。古希腊哲学家专注于自然哲学的探索，追寻宇宙的终极本质，把人与自然分割开来，考虑的是人类如何去认识自然，战胜自然。古埃及和古印度则专注于超自然的东西，探究人与神之间的关系，崇拜神明的力量，矮化人类自身。中国传统文化以人为中心，先秦时代的哲学家就提出了天、地、人"三才一体"的思想，认为天、地、人是构成宇宙的三种力量，既有各自的作用，又相互统一。在此基础上，历代哲学家都在力图调节天、地、人三者之间的关系，试图达到和谐的境界。中国传统文化的人本主义特征，具体包括以下两个方面。

一是中国传统文化具有鲜明的非宗教倾向。"殷鉴不远，在夏后之世。"从周朝开始，在吸取商朝灭亡的历史教训后，历代统治者充分认识到民心所向的重要性，民本思想开始兴起，商朝盛行的神权受到了很大程度的抑制，自此神权再也没有占据统治地位。春秋时期，儒家兴起，更是高度关注人本身，《论语》中有"子不语怪、力、乱、神""敬鬼神而远之""未能事人，焉能事鬼"等论述，在人与神之间以人为本，充分肯定了人的重要性，体现了非宗教的思想倾向。

二是中国传统文化体现在追求自我价值的实现。因为在人与神之间，中国传统文化以人为本，所以与其他民族文化不同的是，中国传统文化不刻意去追求灵魂的不朽和肉身的永生，而是注重人的道德修养，实现"内圣"，同时实现自我价值，即"外王"，做到精神上的不朽，做到"立德、立功、立言"①，所谓"为天地立心，为生民立命，为往圣继绝学，为万世开太平"②。

中国传统文化具有兼容并蓄特征。中国传统文化并不单纯是汉民族的文化或者黄河流域的文化，而是在汉民族文化的基础上兼容并蓄了中国各民族不同地域的文化，吸收他人所长，不断发展壮大自己。但难能可贵的是，中国传统文化一直保持自身形态的稳定性，这是其他古代文化所不能达到的成就，表明了中国传统文化具有强大的凝聚力和生命力。③ 中国特殊的地理环境决定了中国文化对外来文化能充分地吸收和消化，使之成为中国文化重要组成部分。中国文化有黄河流域的中原农耕文化，有长江流域的巴蜀文化、楚文化、吴越文化，有中国西北地区的少数民族游牧文化，等等。这些文化在相对独立地产生和发展的基础上，也一直同其他文化处于互相竞争、互相学习、互相融合的过程中，不同区域的文化之间存在密切的交流，民族之间的文化在双向传播中博采众长。

---

① 春秋时鲁国大夫叔豹称"立德""立功""立言"为"三不朽"。"立德"即树立道德，"立功"即为国为民建立功绩，"立言"即提出具有真知灼见的言论，此三者虽久不废，流芳百世。

② "为天地立心，为生民立命，为往圣继绝学，为万世开太平"是北宋时期大儒张载的名句。意思是：读书人其心当为天下而立，其命当为万民而立，当继承和发扬往圣之绝学，当为万世开创太平基业。这段话说出了读书人应当有的志向和追求：天下、万民、圣贤之道、太平基业。

③ 在近六千年的人类历史中，世界上形成了四大文明古国的文化体系，即古代中国文化、古印度文化、古巴比伦文化和古埃及文化。古印度文化因雅利安人的入侵而雅利安人化；古巴比伦文化因波斯帝国的入侵而消亡；古埃及文化先后因被亚历山大大帝占领而希腊化，被恺撒大帝占领而罗马化，阿拉伯人迁入而伊斯兰化。这些文化形态中，只有古代中国文化这一文化体系是长期延续发展而从未中断的。

　　中国传统文化具有伦理道德特征。伦理道德在中国传统文化中具有的强大威力和影响力，是其他民族文化所不能比拟的。伦理道德是中国社会调和人际关系的准则，是维系整个社会的精神支柱，渗透到中国社会的方方面面。重视伦理道德，是为了适应"家国一体"的宗法社会。宗法社会以血缘关系为基石，它的存在与巩固离不开以血缘关系为纽带的长幼尊卑秩序，而伦理道德的重要功能就是维护这一秩序。崇尚伦理道德，稳定了"家国同构""家国一体"的宗法体制格局，也使得中国传统文化具有强大的凝聚力。

　　中国传统伦理素有"五伦"之说，"五伦"包含君臣、父子、夫妇、兄弟和朋友五种关系。其中，父子、夫妇、兄弟关系属于家族关系，君臣、朋友关系是对家族关系的延伸和扩展，君臣如父子，朋友如兄弟。臣对君要忠、子对父要孝、妇对夫要顺、弟对兄要恭、朋友之间要有信义，只有这样，伦理道德才能成为所有中国人安身立命的准则。仁人志士要以"修身、齐家、治国、平天下"①为己任，而修身要从"正心""诚意"做起，突出个人道德修养的重要性，目的是塑造

---

　　① "修身、齐家、治国、平天下"源自《礼记·大学》。原文是："古之欲明明德于天下者，先治其国。欲治其国者，先齐其家。欲齐其家者，先修其身。欲修其身者，先正其心。欲正其心者，先诚其意。欲诚其意者，先致其知。致知在格物。物格而后知至，知至而后意诚，意诚而后心正，心正而后身修，身修而后家齐，家齐而后国治，国治而后天下平。"其含义为：古代那些要想在天下弘扬光明正大品德的人，先要治理好自己的国家。要想治理好自己的国家，先要管理好自己的家庭和家族。要想管理好自己的家庭和家族，先要修养自身的品性。要想修养自身的品性，先要端正自己的思想。要想端正自己的思想，先要使自己的意念真诚。要想使自己的意念真诚，先要使自己获得知识。获得知识的途径在于认知研究万事万物。通过对万事万物的认知研究，才能获得知识；获得知识后，意念才能真诚；意念真诚后，心思才能端正；心思端正后，才能修养品性；品性修养后，才能管理好家庭和家族；家庭和家族管理好了，才能治理好国家；治理好国家后，天下才能太平。

至善的人格,培养具有理想品德的君子。

中国传统文化具有和谐稳定特征。中华民族以农业生产为基础,长期习惯于靠天吃饭,靠自然生活,对于有规律性的四季气候变化、昼夜寒暑交替更是顺应到无以复加。这种顺应天地、人与自然和谐相处、天人合一的朴实心理,逐渐演化成民族心理,使得"和谐"成为中国传统文化的主旋律。

中国传统文化之所以能与其他文化和谐共处并保持和谐稳定,是因为它有特定的内涵和占主导地位的基本精神,比如"自强不息""厚德载物""天人合一""刚柔相济"等。这些基本精神渗透并表现在中国传统文化的各种内容和形式中,使得中国传统文化成为既能自我和谐发展,又有相对稳定形态的文化体系。

第二节　中国传统文化的特征

从学术界研究看,学者从内容、范围、功能、特征等方面对中国优秀传统文化的阐释论著甚多,这些论著为我们理解和概括中国优秀传统文化的内涵提供了借鉴。

李宗桂认为,所谓"中国优秀传统文化"自然属于中国传统文化的范畴,是中国文化的重要内容。但是,究竟何谓"中国优秀传统文化",人们往往没有一个确切、明晰的概念界定。在20世纪80年代以来的中国传统文化研究过程中,问世的论著可谓汗牛充栋,但对于"中国优秀传统文化"的内涵论述甚少。近年虽有若干著作专门探讨"中国优秀传统文化",有的洋洋洒洒数十万言,大谈方法论、价值观、范围、内容、特征等,但就是不正面谈何谓"中国优秀传统文化"。即便有的论著从内涵的角度揭示,学者对"中国优秀传统文化"的理解和表述却不尽相同。[①] 他认为,所谓中国优秀传统文化,是指中国传统文化的精华所在、精神所在、气魄所在,体现了民族精神的价值内涵。它在中华民族发展历程中,在中国思想文化发展历史上,曾经起过积极的作用,迄今仍有合理价值,能够为中华文化的现代传承和创新发展起到积极作用,能够促进社会进步和民族发展,主要体现于思想文化的层面。换句话说,中国优秀传统文化,就是中华民族长期发展过程中形成的有着积极的历史作用,至今仍具有重要价值的思想文化。因此,把优秀传统文化纳入思想文化的范畴,或者说从思想文化的层面发掘传统文化的现代价值,并不为过。

张岱年先生说:"中国文化的优秀传统有丰富的内容,其中最主要的是两个基本思想观点:一是人际和谐,二是天人协调。""这类优秀传统文化在今天应该得到进一步的阐扬。"在《中国古典哲学中的优良传统》[②]一文中,他指出,古代唯物主义与无神论传统、辩证思想、人本思想、坚持民族独立的爱国传统,都是"中国文化中的优良传统"。他还认为,"中国文化的优秀传统的核心是关于人生意义、人生价值、人生理想的基本观点,可以称为人本观点"。在《传统文化的精华》一文中,他提出:"中国文化的优秀传统的核心就是关于人的自觉的思想。"此外,天人合一、知行合一、以和为贵等,也是中国文化优秀传统中的精湛思想,但最重要的是关于人们道德自觉性的思想,"这确实是传统文化的精华"。

钱逊先生认为,传统文化中的仁爱精神、自强不息精神,富贵不淫、贫贱不移、威武不屈的独立人格精神,忧国忧民、竭诚尽忠的

---

①　李宗桂.试论中国优秀传统文化的内涵[J].学术研究,2013(11).

②　张岱年.中国古典哲学中的优良传统[J].高校理论战线,1993(1).

爱国精神，"慎独"的高度自觉的道德精神和敬老爱幼、尊师重道、温、良、恭、俭、让等，都是"传统美德"。

罗豪才认为，中华民族在长期发展过程中形成了以"天下一统的国家观、人伦和谐的社会观、兼容并蓄的文化观、勤俭耐劳的生活观等为主要特征的中华优秀传统文化"。中华优秀传统文化为中华民族的生存与发展提供了强大的心灵支撑和内在动力，在中华民族五千年文明史上发挥了重要作用。

杨翰卿、李保林认为，中国传统文化中具有积极意义和当代价值的，至少或主要有以下两个方面。其一，体现和表达民族精神的内容，如"天下兴亡，匹夫有责"的忧患意识和爱国主义；"兴利除弊"的改革精神；重民贵民的民本思想；"自强不息"，不畏强暴、不怕困难的独立自主、自力更生、吃苦耐劳精神；注重和谐的"和合"思想；"厚德载物"的宽容精神和关于吸收异质文化的"会通精神"等。其二，扬善抑恶，注重人格和道德修养的伦理精神和人生价值观念，如"己所不欲，勿施于人"的"仁爱"精神；"勿以恶小而为之，勿以善小而不为"的律己观念；"三军可夺帅，匹夫不可夺志"的人格思想；"杀身成仁"、无私奉献、"以天下为己任"的重气节和大公无私的人生价值观念；"立己立人，达己达人"的重道德精神等。

学术研究的前提或基础是概念明晰。一个概念的内涵是指它所反映的对象的本质属性的总和，也就是概念的内容。"中国优秀传统文化"这个概念所指涉的本质性对象，是中国传统文化中的非常好的成分或因素，在内容上包括从自然到社会和人类自身，涵盖政治、经济、文化、哲学、军事、医药等诸多方面。因此，用传统文化蕴含着两重性作用的思路，用列举式的方法阐释其优秀成分及其现代价值，是值得尝试和肯定的。问题在于，由于大量的论者是从现象罗列和内容列举的路径来论说，结果就导致"何谓优秀传统文化"成了一个比较模糊甚至有点含混的问题,人们往往能够意会而不善于言传,擅长列举而缺乏明确的概念界定。

如上所述,成千上万的关于中国传统文化的论著中,论及优秀传统文化内容的为数不少,但基本没有定义式揭示其内涵的。可以说对于中国优秀传统文化内涵的看法有两种:一种看法认为,所谓中国优秀传统文化,是指中国传统文化中所包含的对提高人民的思维能力,促进社会主义物质文明和精神文明的发展,推动社会进步的一切有重大价值的优秀精神成果的总和;另一种看法认为,所谓中国优秀传统文化,是指那些经过了实践检验、时间检验和社会择优继承检验而保留下来并能传之久远的文化。前一种表述重在实践性和当下性,偏重精神内涵,强调思维能力的提高和社会进步的推动,具有较强的时代感,但相对缺乏传统文化的历史传承性、民族性和前瞻性。后一种表述重在传承性和历史性,是从传统来提升现代,但相对轻视了时代性和当下性。不过,就研究思路而言,这两种表述大致反映了学术界关于优秀传统文化的本质性理解。实际上,从操作的层面看,我们所要传承弘扬并创新发展的优秀传统文化主要是无形的方面,正所谓"形而上者谓之道"也。以爱国主义为核心的中华民族精神,天下为公的崇高理想,"己欲立而立人,己欲达而达人""己所不欲,勿施于人""如乐之和,无所不谐"等,都是无形的精神财富,是生生不息代代传承的中华民族价值观的正能量。比如,李洪钧等主编的《中华优秀传统文化简论》[①]与李申申主编的《传承的使命:中华优秀文化传统教育问题

------

① 李洪钧,邓晓春,王华春,等.中华优秀传统文化简论[M].大连:辽宁大学出版社,1994.

研究》①两部著作,分别使用了"优秀传统文化"和"优秀文化传统"两个不同的概念,但两书所阐释列举的主要内容有许多相似之处。例如,两书都谈到以民为本、自强不息、责任意识、爱国主义等。

多数学者把传统文化与文化传统概念等同起来。庞朴先生认为,传统文化是过去的已经完成的内容,是静态的;文化传统则是动态的,是活在现实中的文化。文化传统是形而上的道,传统文化是形而下的器;道在器中,器离不开道。②

《现代汉语词典》对"传统文化"一词的解释如下:在一个民族中绵延并流传下来的文化。任何民族的传统文化都是在历史过程中形成和发展起来的,既体现在有形的物质文化中,也体现在无形的精神文化中,如人们的生活方式、风俗习惯、心理特性、审美情趣、价值观念等。所谓传统文化,从内涵上讲,应是前人创造的物质文化和精神文化的总和;从时间上讲,大体经历新石器时代原始文化、夏商西周文化、春秋战国文化、秦汉文化、魏晋南北朝文化、隋唐文化、宋辽夏金元文化、明清文化、五四新文化等历史阶段。所谓文化传统,是指受特定文化类型中价值系统的影响,经过长期历史积淀而逐渐形成的、为全民族大多数人所认同的思想和行为方式上的传统。传统文化包蕴着文化传统,文化传统是传统文化在精神领域的集中体现。二者都是历史,都可能具有社会作用的两重性,都可能具有生命力,都可能传承到当代。丁守和先生认为,"文化传统与传统文化确有不同。无论从理论上或从事实上

---

① 李申申.传承的使命:中华优秀文化传统教育问题研究[M].北京:人民出版社,2011.

② 庞朴.文化传统与传统文化[J].中国社会科学季刊,1993(3).

看,传统文化要广泛得多"。① 李宗桂认为这些见解的价值在于,明确区分了传统文化与文化传统的关系,对于把二者混为一谈的现象具有纠偏补正的作用,有利于深化对中国传统文化与现代化问题的研究。

李宗桂也对文化传统做过探讨,认为优秀文化传统应当具备的特征是:反映中国文化健康的精神方向;能够鼓舞人们前进,无论在历史上还是在当代中国文化的建设中,都具有激发民族自信心和自豪感的作用;具有民族文化认同功能;具有历史继承性和稳定性;是中华文化的活精神,在今天仍然具有强大的生命力。优秀文化传统及其在当代的主要表现是:自强不息的奋斗精神,和谐统一的博大胸襟,崇德重义的高尚情怀,整体为上的价值取向。李宗桂还探讨过中华民族精神与中国文化精神的关系,认为中国文化精神的积极方面构成中华民族精神,而中华民族精神"是中华文化优秀传统的集中体现",其主要内容是:爱国主义的民族情怀、团结统一的价值取向、贵和尚中的思维模式、勤劳勇敢的优良品质、自强不息的进取意识、厚德载物的博大胸襟、崇德重义的高尚情怀、科学民主的现代精神。

中国优秀传统文化既包括传统文化,也包括文化传统。因此,研究中国优秀传统文化的现代价值,应当既重视文化传统,又重视传统文化。这样,对于我们把握中国优秀传统文化的内涵将大有助益。中国优秀传统文化的内涵,与中国传统人文精神密切相关,与中华民族精神直接勾连。中国优秀传统文化不仅是一种知识,还可以用来陶冶人的情操,提升人的素质。中国传统文化强调"志于道,据于德,依于仁,游于艺"(以道为志向,以德为根据,以仁为

---

① 丁守和.关于传统文化与文化传统的思考[J].中国哲学,1999(11).

凭借,活动于礼、乐等六艺的范围之中)(《论语·述而》),并且有我们中华民族特有的价值观念,这些是中华民族几千年以来在历史上不断形成的,在今天仍然具有非常重要的价值,这是世界公认的。我们职业院校的学生不仅要学技术、有技能,同时还要学习做人,要有家国情怀和人文素养,因此就不能不学习中国优秀传统文化。

第三节　中国传统文化的美德

中华民族传统美德,是指中国五千年历史流传下来,具有影响,可以继承,并得到不断创新发展,有益于下一代的优秀道德遗产。概括起来就是中华民族优秀的道德品质、优良的民族精神、崇高的民族气节、高尚的民族情感和良好的民族习惯的总和。它标志着中华民族的"形"与"魂",也是我国人民几千年来处理人际关系、人与社会关系和人与自然关系的实践的结晶。

中华民族强调道德至上,在五千年的悠久历史中,孕育了优秀的传统美德,如公正无私、诚实笃信、戒奢节俭、豁达大度、温良恭俭让等修身之道,敬业乐群、公而忘私的奉献精神,"天下兴亡,匹夫有责""苟利国家生死以,岂因祸福避趋之"的爱国情操,"先天下之忧而忧,后天下之乐而乐"的崇高志向,自强不息、艰苦奋斗、勤劳勇敢的昂扬锐气,"富贵不能淫,贫贱不能移,威武不能屈"的浩然正气,厚德载物、达济天下的广阔胸襟,奋不顾身、舍生取义、见义勇为的英雄气概……这些传统美德在几千年中不断传承发展,引导着中国人民处理人际关系,建立稳定和谐的社会秩序,是支撑传统美德生生不息的强大力量。

一、四维八德[①]

在谈到传统美德时,经常会提到"四维八德"。春秋时齐国的管仲把礼、义、廉、耻当成支撑国家大厦的四根柱子,提出"礼义廉耻,国之四维;四维不张,国乃灭亡",八德即忠、孝、仁、爱、信、义、和、平。宋朝时,人们将"四维八德"进行了整合,把中华传统文化表彰的八种道德行为调整为孝、悌、忠、信、礼、义、廉、耻,涵盖了个人与家庭、社会的道德关系。一个人如果具备了这八种品德,就是一个有道德的人,整个国家建立在这种道德规范体系之上,就可以称为"礼仪之邦"。

在当代,"爱国、敬业、诚信、友善"是社会主义核心价值观提出的公民基本道德规范,是从个人行为层面对社会主义核心价值观基本理念的凝练。爱国是基于个人对祖国依赖关系的深厚情感,也是调节个人与祖国关系的行为准则。它同社会主义紧密结合在一起,要求国人以振兴中华为己任,促进民族团结、维护祖国统一、自觉报效祖国。敬业是对公民职业行为准则的价值评价,要求公民忠于职守、克己奉公,服务人民、服务社会,充分体现了社会主义职业精神。诚信即诚实守信,是人类社会千百年传承下来的道德传统,也是社会主义道德建设的重点内容。它强调诚实劳动、信守承诺、诚恳待人。友善强调公民应互相尊重、互相关心、互相帮助、和睦友好,努力形成社会主义的新型人际关系。"爱国、敬业、诚信、友善"继承和延续了中华传统美德,有着丰富的内涵,是每个公民都应当遵守的行为准则。

中国传统文化特别注重道德层面,孔子提倡道德政治,其政治

---

① 　张毅.中国传统文化[M].天津:天津人民出版社,2018:3-5.

思想主要是"德治主义"。孔子认为,要治理好政治,就得维持良好的人伦关系。孟子在其基础上,提出了"仁政",他认为"以力服人者,非心服也,力不赡也;以德服人者,中心悦而诚服也"(《孟子·公孙丑上》)。可见,道德观已渗透到全民族的思想之中,孔子的仁义礼智、孝悌忠信更是全民族的道德发展信条。《大学》有讲到"修身、齐家、治国、平天下",要想"天下治",就一定要注意"修身"。

孔子提倡为人处世要遵守道德准则,其核心思想是"礼"和"和谐"。通过礼,规范人们的行为准则和道德标准,以此恢复和稳定社会秩序。"子曰:'有德者必有言,有言者不必有德。'"(《论语·宪问》)"有子曰:'礼之用,和为贵。先王之道,斯为美,小大由之。有所不行,知和而和,不以礼节之,亦不可行也。'"(《论语·学而》)孔子对"忠"下的定义是"己所不欲,勿施于人";对"恕"下的定义是"己欲立而立人,己欲达而达人"。说到底,就是要以人为本。

孔子不仅积极倡导"礼",还将"礼"运用于实践。孔子创办私学后,就按照《周礼》的规定,将礼(礼节,即德育)、乐(音乐)、射(射箭技术)、御(古代驾驭马车的技术)、书(书法)、数(计算),即所谓的"六艺"①,作为生徒学习的内容。孔子希望通过"礼"的教育,使人们发自内心地展现善良的本质,能善待他人、待人以诚。此后,这也成为古代学校教育的基本内容。

"是故礼者,君之大柄也。"孔子将"礼"作为教育的内容,是因为他认为"礼"是国君治国安邦的一件法宝,用它可以明辨是非、洞察细微的过失,还可以孝敬祖先、考订法令规程、区别贤明忠诚。通过"礼"的这些作用,就能治理国家政务,巩固国君的统治地位。

---

① "养国子以道,乃教之六艺:一曰五礼,二曰六乐,三曰五射,四曰五御,五曰六书,六曰九数。"(《周礼·地官司徒·保氏》)

在学校中设置"礼"的课程,就是要使学生学习有关"礼"的知识,了解各种"礼"的作用和内涵,按照"礼"的社会法则行事,使社会保持和谐稳定发展。在以后的历史中,"礼"便成为全社会共同遵守的行为准则,古代中国也因此被世界誉为"礼仪之邦"。

二、百善孝为先①

中国传统文化提倡的"忠孝节义"的道德行为准则,用今天的话语来解读,即是对国家尽忠,对父母尽孝,对夫妻尽节,对朋友尽义。中国传统文化尤其强调"孝"字,因为孝是人性的光辉,也是社会安定的力量,孝缘于良知,孝而知报恩,孝而施善行。中国的孝道文化内容丰富,涉及面广,既有文化理念,又有制度礼仪,主要包含敬亲、奉养、侍疾、立身、谏诤、善终六方面内容。孝道成为中华传统美德中最重要的内容之一。儒家视"孝"为"仁""义"之本。孔子曾就"孝"的问题与其弟子曾参有一段谈话。"仲尼居,曾子侍。子曰:'先王有至德要道,以顺天下,民用和睦,上下无怨。汝知之乎?'曾子避席曰:'参不敏,何足以知之?'子曰:'夫孝,德之本也,教之所由生也。复坐,吾语汝。身体发肤,受之父母,不敢毁伤,孝之始也。立身行道,扬名于后世,以显父母,孝之终也。夫孝,始于事亲,中于事君,终于立身。《大雅》云:'无念尔祖,聿修厥德。'"(《孝经·开宗明义章》)在此,孔子提出"孝"是道德的本源,是一个人的立身之本。古人认为,维系一个家庭的和睦、稳定,需要父慈子孝。父慈,是指父母对子女的关怀爱护,包括哺养、关心、保护、培养、教育等,这对于子女的健康成长是极为重要的。父母对子女的付出是无条件的,正是由于他们含辛茹苦地付出,子女才能长大

---

① 张毅.中国传统文化[M].天津:天津人民出版社,2018:12.

成人,自立于社会。甲骨文中的"乳"字,就反映了母亲对子女的亲情;"教"字,则反映了长辈对子女的教育。

中国古代有很多关于孝道的故事。西晋时期,晋武帝征召李密入朝为官,李密不愿应诏,就写了《陈情表》给晋武帝。文章从自己幼年的不幸遭遇写起,表明自己与祖母相依为命的特殊感情,叙述祖母抚育自己的大恩,以及自己应该报养祖母的大义;既感谢了朝廷的知遇之恩,又倾诉了自己不能从命的苦衷。文章真情流露,叙述委婉,辞意恳切,语言简洁生动,富有表现力与强烈的感染力。相传晋武帝看了此表后很受感动,特赏奴婢给李密,并命郡县按时给其祖母供养。

三、位卑未敢忘忧国

爱国是人们对于祖国的一种深厚的依恋、爱护,以及与此相应的实际行动。爱国的核心是对民族和国家的生存发展、繁荣兴旺等根本利益的关心与维护。爱国是中华民族的优良传统,拥有悠久的历史文化渊源。从古至今,中华儿女高举爱国旗帜,涌现出无数爱国英雄、仁人志士,传诵着数不清的爱国诗篇,爱国思想早已融入亿万人民的心里。作为中华民族精神的核心,爱国主义精神始终支撑着中华民族团结奋斗、发展壮大的伟大实践。

我们爱国,因为我们生于斯、长于斯,祖国的举动都牵动着我们的心。在漫长的历史进程中,中国人民历经磨难,但始终英勇不屈、艰苦奋斗,创造了光辉灿烂的政治、经济和文化成就,这一切在每个中国人身上都打上了深深的烙印,铸造了中国心。我们要尊敬先辈,是他们创造了中国的今天,是他们与我们血肉相连。我们要怀着一颗感恩之心,发扬中华民族优秀的好传统。在中华民族五千年历史中,流传着许多仁人志士的爱国故事,为了心中那个伟大的祖国,他们抛头颅、洒热血,不惧艰险,始终坚持理想。他们高大巍峨的身影,如一座座丰碑,矗立在历史的洪流之中,指引着我们前进。

爱国就是要热爱祖国的大好河山,珍惜世世代代劳动人民的伟大创造。在人与自然界关系上,中国古代思想家的观点大体可分为三个类型:一是以老庄为代表的"人法地,地法天,天法道,道法自然"的顺从自然说;二是以荀子为代表的"制天命而用之"的人定胜天的征服自然说;三是占主导地位的以儒家为代表的天人协调说。汉董仲舒在《春秋繁露·深察名号》中提出:"天人之际,合而为一。""天人合一"思想包括四个方面的内容:一是人是自然界的一部分,是自然系统不可缺少的要素之一;二是自然界有其普遍的规律,人也应该遵循这些规律;三是人性即天道,道德准则与自然规律是一致的;四是人生的理想应是天人的和谐。在人类长期的生活中,"天人合一"不仅是儒学的基本概念,也是一切其他思想体系的原点和归宿。近现代以来,人类对自然界任意开采和破坏造成的后果,以及大范围的污染对人类的危害,已使环境保护日益成为世界各国关注的焦点,中国古老的"天人合一"、人与自然和谐相处之道在新的命题中又焕发出勃勃生机。我们必须认识到自然环境的重要性,继承和发扬热爱祖国大好河山的优良传统,共同建设美丽中国。

爱国就是要热爱中华民族优秀传统文化。中华民族优秀传统文化是一座丰富的宝库,既有文史哲学,又有科技艺术,尤其值得珍视的是蕴含其中的"自强不息,厚德载物""独立自主,奋发图强""崇德向善,团结友爱"等精神,这些都是我们民族的根和魂。中华民族优秀传统文化是中国特色社会主义事业的文化根基和思想支撑,对于增强我们的道路自信、理论自信、制度自信、文化自信,不断开创中国特色社会主义事业新局面具有重要意义。

《大学》云"欲修其身者,先正其心。欲正其心者,先诚其意。欲诚其意者,先致其知。致知在格物",修身、正心、诚意、致知、格物,在大学教育领域完全体现了和合理念之精粹。和合理念是中国文化的首要价值,也是中国文化的精髓,是中国文化生命的最完美最完善的体现形式。和合,就词义本身而言,"和"指和谐、和平、祥和;"合"是结合、合作、融合。和合是实现和谐的途径,和谐是和合的理想实现,也是人类古往今来孜孜以求的自然、社会、人际、身心、文明中诸多元素之间的理想关系状态。中国传统文化中"贵和""持中"的和谐意识,表现于两个方面:一是"天人合一",指人与自然关系的和谐;二是"中庸",指人际关系,即人与人、人与社会关系的和谐。"天人合一"旨在承认人与自然的统一性、反对将它们割裂开来;"中庸"则强调对待事物关系要把握一个度,以避免对立和冲突。在当今社会,提倡"贵和""持中"的和谐意识,有利于处理各种社会矛盾,以保持社会的稳定。

四、诚信为立身之本

诚信是中华民族的传统美德,是培育和践行社会主义核心价值观的重要内容。诚信对个人来说有着重要意义,孔子曰:"人而无信,不知其可也。大车无輗,小车无軏,其何以行之哉?"(《论语·为政》)"诚"不仅是德、善的基础和根本,也是一切事业得以成功的保证。"信"既是个人形象和声誉的标志,也是人所应当具备的最起码的道德品质。"诚于中而必信于外",一个人若心有诚意,则口中必有信语,必有诚信的行为。孔子说:"其身正,不令而行;其身不正,虽令不从。"(《论语·子路》)

诚信是立身之本,只有拥有诚信才能在社会生活中和睦相处,增进人与人之间的感情和友谊,在相互信任的基础上,构筑稳定的社会。所以,在中国的传统思想中,"诚信为本"也是极其重要的内容。

诚信是为政之法。《左传》云"信,国之宝也",指出诚信是治国的根本法宝,如果人民不信任统治者,国家朝政根本立不住脚。因此,统治者必须取信于民,正如王安石所言"自古驱民在信诚,一言为重百金轻"①。孔子认为"信"是为政治国、为人处世的基点。无"信"不足以为政,不能治国,同样也不能做人。关于此点,孔子有许多论述。"大道之行也,天下为公,选贤与能,讲信修睦。"(《礼记·礼运》)"能行五者于天下,为仁矣。请问之。曰:恭、宽、信、敏、惠。恭则不侮,宽则得众,信则人任焉,敏则有功,惠则足以使人。"(《论语·阳货》)"足食,足兵,民信之矣。子贡曰:必不得已而去,于斯三者何先?子曰:去兵。子贡曰:必不得已而去,于斯二者何先?曰:去食。自古皆有死,民无信不立。"(《论语·学而》)孔子在足食、足兵、民信三者中,宁肯去食、去兵,也要坚持保留民信,因为孔子认为"民无信不立"。

诚信是齐家之道。唐代著名大臣魏征说:"夫妇有恩矣,不诚则离。"只要夫妻、父子和兄弟之间以诚相待,诚实守信,就能和睦相处,家和万事兴。若家人彼此缺乏诚信、互不信任,家庭便会四分五裂。诚信对朋友之间的信任同样有着重要意义,就像《弟子规》所说的那样,"凡出言,信为先;诈与妄,奚可焉","事非宜,勿轻诺;苟轻诺,进退错",因此朋友之间一定要做到信为先。如果我们每个人都能做到以诚相待、诚实守信,国家就一定会稳定,社会则

_____

①　这是在说商鞅徙木立信的故事,徙木立信是诚信在为政中最有代表性的事例。

井然有序,处处呈现欣欣向荣的景象。

诚信是一种美德,也是一种社会价值观和道德观。在中国古代,不仅在家教中注重对子女的诚信教育,学校教育中也很注重对学生的诚信教育。在古代的一些供少儿学习的启蒙教材和读物中,就有诚信教育的内容。例如清初教育家李毓秀编写的《弟子规》写道:"用人物,须明求;倘不问,即为偷。借人物,及时还;人借物,有勿悭","见未真,勿轻言;知未的,勿轻传。事非宜,勿轻诺;苟轻诺,进退错"。将诚信教育编入启蒙教材中,旨在从小培养子女懂得诚信,养成恪守诚信的良好品德。

中国传统文化和人们日常生活中的礼节,都非常重视与人为善、待人以诚。通过"善""诚",建立一种和睦、和善、和平、和谐的人际和社会关系,从而使社会和人们的生活稳定;而社会和人们生活的稳定,又为社会生产的发展提供了重要的条件。中国传统的思想和社会生活中,都强调"善良""诚信"的观念和意识,使中国传统文化在几千年的历史长河中一直发扬光大。

中国传统文化对于受教育学生的一生都将有着极为深远的影响,其所蕴含的思维方式、价值取向、行为准则等都具有强烈的历史性、民族性。同时,中国传统文化又有着无与伦比的生命延续能力和包容再造能力,这体现在中国传统文化数千年传承不断、多民族及中外文化多元交融的再创造,特别是五四新文化,不仅刷新了中国古代文化,注入了刚健、鲜活的西方文化特质,同时保留了中国文化中富有生命力的精华,铸造出一个崭新的中国文化,谱写了中国文化长河中一篇辉煌的乐章,显现了中国传统文化的无限生命力和丰富内涵。

中国传统文化教育对高校德育教育固然重要,但由于目前大陆社会的教育环境、文化建设等,没有协同学校教育形成合力,学校内部的校园文化建设、弘扬中华民族优良文化传统方面,也不如台湾地区做得好;相反,西方文化思潮的影响却比较大。从以下台湾师大中文系与大陆某师范大学的对比,便可看出我们在这两方面的不足。如我们没有开设乐府诗以及《庄子》《墨子》《史记》《楚辞》《吕氏春秋》《左传》《资治通鉴》解读,也没有演说与辩论、中文电脑资料处理。大陆高校的课程结构和教学内容是 20 世纪五六十年代制定的,虽有修改,但内容比较陈旧,必须做较大的修改,开设文化素质修养课等。这是值得认真反思的。任何一个国家和地区都不能丢掉对本民族历史、优秀传统的继承和利用。教育的功能,一是继承人类历史创造的文明成果,二是发展人类历史创造的文明成果。因此,我们在教育中,必须加强对中国传统文化的教授与学习。

第二章　台湾地区职业教育的特征

　　教育在《说文解字》中的解释是："教，上所施下所效也；育，养子使作善也。"通俗地说，所谓"教"，就是上面做示范，下面来模仿；所谓"育"，就是培养后代让他们多做好事。因此，在家，父母言传身教；在学校，教师以身作则，至关重要。

　　职业教育的英文有 professional education、vocational education、career and technical education 等说法，在不同的语境下，"职业教育"与"职业技术教育""高等职业教育""专科教育"存在不同程度的相似或相近含义。顾明远编著的《教育大辞典》将职业教育定义为传授某种职业或生产劳动知识和技能的教育。[①] 刘春生、徐长发提出职业教育就是在一定普通教育的基础上，对社会各种职业、各种岗位所需要的就业者和从业者所进行的职业知识、技能和态度的职前教育和职后培训，使其成为具有高尚的职业道德、严明的职业纪律、宽广的职业知识和熟练的职业技能的劳动者，从而适应就业的个人要求和客观的岗位需求，推动生产力的发展。[②]和震认为职业教育是终身学习的重要组成部分，是全民教育的主

---

　　① 顾明远.教育大辞典（增订合卷本）[M].上海：上海教育出版社，1998：4825.

　　② 刘春生，徐长发.职业教育学[M].北京：教育科学出版社，2002：12-28.

要承担者,是以培养符合职业或劳动环境所需要的技能型人才为目标的一种教育类型。[①] 它以职业需要为导向,以实践应用性技术和技艺为主要内容,传授职业活动必需的职业技能、知识、态度,并使学习者获得或者扩展职业行动能力,进而获得相应的职业资格。

在台湾地区,职业教育是技术及职业教育的简称。台湾地区经过几十年的努力,成功地建立起与普通教育并重并立、上下衔接相互沟通的独具特色的现代职教体系。该体系既吸纳了现代西方职业教育的先进理念,又充分体现了东方儒家文化崇尚读书、追求学历的传统思想。职业教育的领域涵盖初中的职业试探与陶冶、高职或综合高中基础专业技术的学习、专科学校实用专业技能的培养,以及技术学院、科技大学应用科技的教学、研发、推广。台湾地区职业教育通常把专科学校、技术学院、科技大学开展的教育活动称为高等职业教育,本书探讨的台湾地区职业教育涵盖"职业教育""技术教育""高等职业教育"。

世界上发达国家的高等职业教育都招收高职毕业生,安排2~3年的职业技术课程,但实施的方式各国则不尽相同。大多数国家以就业准备功能来划分职业教育的范畴,通常只到专科或副学士层级;颁授学士学位的学制则被归为高等教育,不属于职业教育范畴。台湾地区职业教育学制是以学校名称来区分的,由中学技艺教育、职业学校、专科学校、技术学院到科技大学硕、博士班都归为职业教育范围,学制细分为职业学校、二专、五专、二技、四技,算是相当独特的。

在这里,简要提及世界发达国家的职业教育。

---

① 和震.论现代职业教育的内涵与特征[J].中国高教研究,2008(10).

美国教育家赫钦斯(Robert Hutchins)认为"教育的目的不是人力(manpower)而是全人(manhood)的发展"。清华大学原校长梅贻琦认为"大学教育应在通而不在专"。

美国的职业教育(高等职业教育)主要通过社区学院实施。社区学院是由 20 世纪初开始创设的初级学院转型而来的,设置相当普遍,几乎每一个郡(county)都设置一所以上的社区学院。社区学院针对社区居民的需求广泛开设课程,课程包括学术性、职业准备、人文陶冶和休闲性课程,是终身学习、继续进修的重要渠道。以 1997 年为例,全美约有 1600 所社区学院,550 万名学生修读有学分课程,另有 500 万名学生修读没有学分的课程;整体学生约有一半是选读与工作有关的课程。① 社区学院教育相当于一般大学的前期教育。由于社区学院学费较一般大学低廉许多,不少学生在社区学院利用两年时间取得副学士学位,申请入大学后,学分大多可以获得承认,可以减少教育费用支出。美国 1990 年通过了《职业与应用科技教育法案》,把综合高中课程与社区学院课程进行衔接统整。一般而言,综合高中阶段提供职业试探课程,社区学院提供就业准备课程。至于大学,则以提供学术发展课程为主,各课程功能的区分相当明确。

德国的职业专门学校类似于台湾地区三年制专科学校,提供"技术助理"层级的人才培训教育。近年来,很多职业专门学校改制为专门学院。专门学院招收文法中学或综合中学普通科毕业生;二元制教育训练毕业生进入专门学院通常要先补修两年的普通课程。专门学院除提供原来技术助理课程外,也提供四年制的

---

① 林俊彦.世界教育改革趋势对台湾技职教育发展的影响[J].职业技术教育(教科版),2005(19).

大学学士课程和研究所硕士课程,领域集中于社会工作、教师、艺术、设计、技术、农业、信息等,教学内容较一般大学更重视实用性。德国虽然也有知名科技大学,非常强调实用性研究,但一般并不被视为职业教育范畴。

介于美国与德国形态之间的有日本和英国。英国高等职业教育与学术高等教育原系分流。主要高等职业教育机构为"多元科技学院"(polytechnics),学制上类似三年制专科学校。1992 年《扩充与高等教育法》通过,将所有 34 所本来由地方控制的多元科技学院改制为独立法人的大学,作为与各地区工商业联结的地区中心。1993 年后,英国高等职业教育与学术高等教育又合二为一。目前英国学生接受职业教育最主要的场所为地方教育当局设置的"扩充教育学院",数量大约 600 所①,其中包括城市技术学院、农业学院、工业学院、商业学院和艺术学院等类型。除了提供职业教育课程,也提供成人普通课程,有全日制、部分时间制和三明治式的修课方式。②

日本的职业教育设置在"高等专门学校"和"专修学校"。高等专门学校的目的在于深入教授专门的学艺,培育职业必要能力。③学制上类似台湾地区五年制专科学校,学生毕业以就业为主,毕业可获颁"准学士"学位。2000 年,日本计有高等专门学校 62 所,学生 56000 余人。至于专修学校原相当于补习班,目的在于培养职

① 李奉儒.英国教育:政策与制度[M].嘉义:涛石文化事业有限公司,2003.

② 王家通.比较教育研究[M].第 2 版.高雄:丽文文化事业股份有限公司,2003.

③ 杨金士,高林.台湾技职教育的过去、现在与未来[M].北京:清华大学出版社,2007.

业生活或实际生活所需要的能力或提升教养有用事项,不属于正式学校。但随着社会变迁,日本认为这些补习班发展到一定规模者,应给予明确的定位,于是在《学校教育法》中赋予"专修学校"名称。专修学校如设置专门课程且招收高中毕业学生修读一年者,称"专门学校"。这类专门学校被定位成广义的高等教育机构,可授予"专门士"文凭(相当于我国的中等职业院校、高等职业院校毕业的水平)。

澳大利亚职业教育与训练主要由专业技术学院(Technical and Further Education,TAFE)提供,它不像高等教育的大学机构那么有自主性,在体制上为州政府的一部分。专业技术学院的课程相当有弹性,学生资格保留也很有弹性。[①] 如果学生决定休学一年再回到学校读书,可以保留资格,进退非常自由。1994 年,澳大利亚国家训练局与各州政府共同合作,研拟职业教育发展策略,提出"通向未来的桥梁:1998—2003"(A Bridge to the Future:1998—2003),重新组织职业教育部门。澳大利亚政府也将职业教育资格与其他教育系统学历重新规划统整,发展出学历资格认定架构(Australian Qualification Framework,AQF)。专业技术学院学生通过技能认证,可以具备同等学力的资格,转衔到不同阶段的教育继续学习。学历资格证书分为一级证书、二级证书、三级证书、四级证书、文凭、高级文凭六级。一、二级等同中等教育资格;三级以上证书等同于大学 1—4 年级资格。

世界各国的职业教育与能力本位教育的发展息息相关。能力是一个人的天赋加上后天获得的知识、态度和技能,表现出可以解

---

① 林俊彦.世界教育改革趋势对台湾技职教育发展的影响[J].职业技术教育(教科版),2005(19).

决问题的行为。能力取向教育计划,也常称能力本位(competencies-based)。它和传统的能力本位教学(competencies-based instruction)同名,但却是不同理念。传统的能力本位教学源于20世纪60年代美国教育改革,开始主要用于师资培育的训练,后来被广泛运用到其他领域。到了20世纪70年代末期,能力本位教学虽在部分发达国家的职业教育中仍被采纳,但在美国逐渐势落。能力本位教学明确订出每一个单元的教学后,学生在认知、情意、技能上应该达到的行为目标。由于学生学习后的行为和行为标准具体明确,学生学习之后经过测验达到标准,才可以继续下一个单元的学习;否则必须继续接受辅助教学,直到达到标准为止。能力本位教学肯定了学生的学习成就,明确了达标与未达标项目,因此被广泛运用在职业教育的教学里。但能力本位教学因为行为目标的制定过程复杂耗时,同时耗费教师过多时间在学生行为目标是否通过的评量上,因此并不被教师所喜爱。以往,一般科目的学习多采用学科本位的方式教学,现在都逐渐被领域本位课程观念取代。除此之外,美国职业教育高度重视教育绩效的获得,为确保课程质量,以美国为首的全球高校职业教育掀起了一股新能力本位运动,以能力标准和能力指针的发展作为课程教学内容的引导,以及课程实施之后学生品质的评判衡量标准。全球形成一股"能力"取向的教育计划风潮。课程改革成为全球教育改革的焦点,其强调:一般课程除了学术能力的培养外,应重视培养学生终身学习能力,同时还要重视培养与未来工作所需能力的结合与融入。

目前盛行的能力本位教育,是"新的能力本位取向"教育,从宏观角度结合学校人员、社会人士、学者、家长和政府官员,以研究法方式针对所有年轻人、某一教育计划或者一个课程方案,订出学生完成这个教育训练后应具备的能力。换言之,课程实施前,学生必须知道的知识和可以完成的工作已明确地被界定出来。这些能力可以转换为课程发展的指引,也可以作为学生学习成效的评估标准。

20 世纪 90 年代,澳大利亚政府进行了一项全国性教育改革,改革目的在于使接受学校教育的年轻人均具备企业所需要的就业水准的能力。1992 年,负责研议的梅尔委员会提交报告,主题为"将一般性教育应用于工作中"(putting general education to work)。报告总结指出,青年人为有效参与工作应具备 7 项关键能力(key competencies),包括:搜集、分析及组织信息,沟通观念及信息,计划及组织活动,与他人合作及在团体中工作,运用数学观念及技术,解决问题,运用科技等能力。

在澳大利亚以"能力"导向作为教育计划方向的同时,英国、美国及其他国家也在发展类似一般通才所需的能力,英国认为阅读、算术、信息、沟通等能力为每个青年人应具备的核心能力(core competency)。另外,英国政府也将新能力本位理念运用在职业训练的改革上,在 1992 年之前,针对工商业所有主要职业,分析一个胜任从业人员应有的职业表现标准(standards of performance)。职业表现标准描绘了一个胜任从业人员应知道的或会做的工作项目,而所列举出来的项目被称为"能力指针"。差不多在同一时间,美国有的州采取独立发展方式,有的联合邻近州政府共同发展学生能力指针系统。例如:美国劳工部(SCANS,1991)归纳出 3 种基本技能(fundamental skills)、5 种职场能力(workplace competency),认为这是所有年轻人在未来工作领域成功所需具备的能力。美国劳工部也特别强调,发展这些基本技能和能力的主要目的是协助教师的高品质课程和教学。俄亥俄州(ODOE,1999)将学生可能的生涯发展方向分为 6 个生涯群,整合技术能力与学术能力,发展了一套名为生涯聚焦教育(career-focused education)的能力指针(competency indicators)系统。在各指针系统中包含有核心能力及分群能力指针,为一般课程和职业课程教师提供参考。在技能与学术能力教育模式中,能力指针系指具有显著性的能力要素。此外,1996年联合国教科文组织的报告也提出为适应21世纪社会变迁的需求,人类必须具备的4种能力:学会认知(1earning to know)、学会做事(1earning to do)、学会共同生活(1earning to live together)和学会发展(1earning to be)。以往,一般课程和职业课程是独立而又有其各自课程目标的。在这波世界教育改革中,全球主要国家都强调,一般课程除了学术能力的培养外,也应重视与未来的工作所需能力培育的融入与衔接。

在各国和各地区职业教育改革中,美国职业课程改革最具多样性。美国1990年的《卡尔巴金斯职业与科技教育法案》(The Carl D. Perkins Vocational and Applied Technology Education Act of 1990,又称《科技准备法案》)与1994年的《学校到工作机会法案》(School-to-work Opportunities Act)都规定联邦政府应对职业教育课程改革的地方给予经费补助,因此围绕科技准备(Tech-Prep)以及学校如何和工作衔接的主题,多种职业教育课程理念和课程模式被开发出来。例如,学术与职业整合模式、科技准备模式、全方位主题课程、工作本位课程、作业本位课程、虚拟学习课程、情境学习、学习档案的观念等,都是相当具有特色的职业课程新理念。

第一节　台湾地区职业教育的历史沿革

由于长期受儒家文化思想的影响,台湾地区社会重学轻术思想根深蒂固,各个家庭不论贵贱贫富,都极尽所能供子女上学以求得最高学问。在人们的心目中,职业教育与普通教育相比处于二流教育地位,以上观念给台湾地区职业教育发展带来了很大阻力。

一、台湾地区政策支持

为了保证职业教育的发展,台湾地区通过教育制度创新,制定有明显偏向的政策来推动职业教育的发展。20 世纪 70 年代,台湾地区为配合经济基层技术人力的需求,大力发展职业教育,鼓励学生就读职校,并抑制普通高中的扩增,中等教育以发展职业教育为优先。同时为培养高级技术人才和满足家长对子女升学的要求,大量增设专科学校,成立技术学院,建立职业学校、专科学校、技术学院之职业教育体系,开了职技教育朝向高学历的先河,为专科学生开辟了升学渠道。

二、台湾地区职业教育分类

高校教育提倡的"大学之道",实际上就是"和合理念",即融通识教育(general education)、专业教育(professional education)、生涯教育(career education)为一体的教育理念。

高等职业教育(higher technological and vocational education)是指在高等教育阶段实施的职业教育,包括科技大学、技术学院、大学附设技术院系及专科学校等后中等教育(post-secondary educa-tion)的职业教育领域。就学制上区分,则包含该等学校所设置之五专、二专、四技、二技及研究所硕士、博士班在内。

　　台湾地区高等职业教育阶段的学校类型分为学术及职业两类。学术系统的高等教育包括一般的普通大学、学院、师范院校等,职业系统的高等教育则涵盖科技大学、技术学院及专科学校。台湾地区职业教育体系随着时代发展而变革,20世纪八九十年代台湾地区的教育体系基本维持在职业院校设置、职业体系的课程改革和增设综合高中阶段,教育实行普通教育与职业教育双轨制,两条渠道贯通。其中,职业教育体系完整,自成一体,包括科技大学与技术学院、专科学校和高级职业学校等三个层次,各层次学制繁多。高中阶段设有技艺教育学程,提供不具学术性而是面向学生职业生涯的学习机会,并与实用技能班相互配合,职业教育的主要学制还包括职高、综合高中、专科(五专、二专)、技术学院、科技大学(四技、二技)等。台湾地区职业教育因学制不同有不同的目标,职高以培育基层技术人才为主,专科以培育中级实用人才为主,而技术学院和科技大学以培育高级专业人才为主。截至目前,台湾地区已形成了培养基层技术人才、中级实用人才、高级专业人才(含硕士生、博士生)的职业教育体系。

三、台湾地区职业教育体系

　　台湾地区职业教育行政管理体系包括省教育行政机构、市教育行政机构和县市教育行政机构三级。省教育行政机构是指台湾地区教育事务主管部门、技术职业教育司,下设四个科,管理台湾地区职业教育事务,并且直接主管及督导公办及省立技术学院、公办及私立专科学校、公办高级职业学校。市教育行政机构指台湾省教育厅第三科,负责省立及私立高级职业学校;台北、高雄教育局的第一科,负责市立专科学校、市立及私立高级职业学校。县市教育行政机构指县市教育局,主管高级职业学校和中学。这种系统垂直管理的体制,有利于职业教育统筹安排,有利于各层次教育之间的有效衔接,有利于职业教育一贯课程的实施。

台湾地区职业教育体系比较完备,体现了职业教育与普通教育的互相沟通。学生在九年义务教育后分流进入高一级中学或五年制大专;高一级中学毕业后,又可以根据实际情况分流:普通高中毕业生既可以进入普通大学,也可以进入二年制专科、技术学院或科技大学四年制本科(四技班)学习。高级职业学校的学生毕业后既可以进入二年制专科、技术学院或科技大学四技班学习,又可以进入普通大学本科班学习。综合高中前两年学习普通高中课程,第三年根据升学和就业意向,进行分流,毕业后再进入不同的高校学习或就业。二专毕业后可以进入技术学院或普通大学附设的二技本科班学习。五专毕业后可进入技术学院二技本科班学习。技术学院设有研究所,是研究生层次的高等职业教育机构。由此可见,台湾地区职业教育和普通教育多次进行交叉,以满足不同群体对教育的需要;同时职业教育又自成一体,是和普通教育完全并行的另一教育体系。

(一)从人才培养目标方面来看

职业教育在台湾地区的教育体系中拥有很高地位,独成一体,其职技教育包含三个层级:高级职业学校、专科学校以及技术学院与科技大学。高级职业学校学制分为日间部、夜间部、建教合作班、实用技能班、特殊教育实验班、综合高中职业学校及补校等。专科学校学制分为二年制、三年制及五年制三种。二、三年制同时设有夜间部,其修业年限比日间部至少增加一年。技术学院与科技大学学制分为学士班、硕士班和博士班。学士班又分为二年制和四年制，均设有进修部在职班。教育层次比较齐全，由高职（中等职业教育）、专科（二专、五专）、本科（二技、四技）、硕士和博士五个层次组成。上下衔接，与普通教育体系平行发展，齐头并进。在学制上，高职为初中后三年制，专科分高中后二专、初中后五专，本科分二年制和四年制，硕士班学制1～4年，博士班2～7年。不同学制的设立，既有利于不同层次教育的衔接，也有利于满足不同层次学生接受不同层次教育的需求。

1.20 世纪 50—60 年代主要培养初级技术人才

不同经济发展阶段对职业教育培养的人才规格、层次提出不同的要求，从而带动职业教育发展。1945—1952 年，台湾地区因受战争摧残，百废待兴，经济上力求稳定，恢复工农业生产。这一阶段的重点产业为农业。此时台湾地区各级各类教育包括职业教育，都是以恢复工农业生产为主，教育重点必须为农业服务。为配合当时以农业为主的经济结构对劳动密集型基层技术人才的大量需求，台湾地区将原有实业学校改为三三制的初级和高级职业学校（类似大陆学制的职业初中和职业高中），培养初级技术人才，充裕基层技术人力。

2.20 世纪 60—80 年代主要培养初、中级技术人才

这一时期，台湾地区经济得到恢复与发展，从进口阶段发展到加工出口阶段，经济发展朝向以轻工业为主的劳动密集型的出口加工业。发展出口加工业必须面对国际市场竞争，不仅需要精良产品，还必须适应市场变化，不断进行技术革新，这对从业人员技术水平和综合素质提出了更高的要求。为此，台湾地区着手对教育进行系列改革，教育重心由普通教育向职业教育倾斜，大力发展中、高级职业教育，加大初、中级技术人员的培养力度，特别优先设

置工业类科。

3.20 世纪 80—90 年代主要培养高级技术人才

20 世纪 80 年代中期开始,台湾地区经济进入调整发展时期,发展重心向技术资本密集型转化,经济开始转型升级,对一般技术人力需求相对减少,高级技术人才需求日益增加。台湾地区的职业教育基本维持在职业院校设置、职业体系的课程改革和增设综合高中阶段,教育实行普通教育与职业教育双轨制,两条渠道贯通。其中,职业教育体系完整,自成一体,包括科技大学与技术学院、专科学校和高级职业学校等三个层次,各层次学制繁多。高中阶段还设有技艺教育学程,提供不具学术性而是面向学生职业生涯的学习机会,并与实用技能班相互配合。台湾地区职业教育因学制不同而有不同的目标,职高以培育基层技术人才为主,专科以培育中级实用人才为主,而技术学院和科技大学以培育高级专业人才为主。截至目前,台湾地区已形成了培养基层技术人才、中级实用人才、高级专业人才(含硕士生、博士生)的职业教育体系。

4.20 世纪 90 年代之后扩大技术学院和科技大学

随着时间的推移以及教育环境与教育发展的变迁,台湾地区职业教育体系不同层次院校所关切重点亦有所不同。1990 年前,因技术学院只有 1 所,高等职业教育的探索以专科学校教育为主。1990 年以后,台湾地区在推动技术学院的新设及多项学校的改制、改名实施后,高等职业学校的校数大幅扩增;为配合台湾地区经济全面升级和转型,职业教育改革进一步走向深入,继续增扩高等职业教育,提升职业教育品质,扩大技术学院和科技大学规模,使职业教育体系更加完善;同时定期举办高等职业院校综合评鉴、追踪评鉴、项目评鉴、改名改制后学校访视等,并公开评鉴结果,以确保教学质量,成为台湾地区教育的第二条通道。21 世纪初,台湾已有 20 多所科技大学、40 多所技术学院,这是职业教育发展之成果。可以说,台湾地区经济和产业科技的快速发展,有力地推动了职业教育发展和体系完善。

(二)从学校转型提升、学科建设、数量与教育质量等方面来看①

自 1945 年至今,台湾地区产业结构一直在转变,从最早期的劳动密集型产业,演变到资本及技术密集型产业,再到知识密集型产业。产业结构的变化,迫使台湾地区高职院校的人才培养模式也要随之调整变化。

1945—1952 年,教育体制仍然延续旧制,职业教育仍在萌芽阶段,当时的职业教育体系仅止于高级职业学校。为了满足劳动密集型产业的需要,课程内容仍然依照传承下来的"综合职业型"课程,学习范围过于宽泛,实习操作时数不足,技术能力不够专也不够精,高职学生没有进修渠道。对此,职业教育以就业为导向,进行了一系列改革。

从学校转型提升来看,围绕学制和入学方式进行了一系列卓有成效的改革,将日据时期的专门学校改制为专科学校;为适应学生升学与提升素质需要,初职被停办,只办高职;并将县市职校改为省立,以提高职业学校水准。同时为发展职业教育,除高职外,在高中也兼办职业类科,高职与高中的人数比例调整到 7∶3,越来越多的学生选择职业体系,有利于高等职业教育的发展。随着经济建设的持续发展,社会对技术人才层次要求的提升,为了促进高等职业技术教育的发展,发展技术密集型工业及配合实施九年义务教育,扩大培育经济建设所需技术人力,1948 年,职业教育体

---

① 杨金士,高林.台湾职业教育的过去、现在与未来[M].北京:清华大学出版社,2007:12.

系的技艺专科学校——台北工业专科学校(现为台北科技大学)改制成立,由于专科学校校名挂上"技艺"二字没有给职业教育带来吸引力,两年后,几乎所有的技艺专科学校,依其属性及特点,陆续改名为工业专科学校、商业专科学校、工商专科学校、农业专科学校等九大类别。从此,台湾地区职业教育提升及落实到专科学校的层次。修业年限改为本科4年、专修2年,其中由台湾总督府台中农林专门学校改制成的台湾省立台中农业专科学校为台湾地区最早创立的专科学校,负责培养农业技术人才。专科教育逐渐走向多元化,有五年制、二年制和三年制专科学校,晚间上课有夜间部,周六及周日上课有进修专科学校。1963年开始,台湾当局鼓励私人兴办学校,并制定《增设职业学校奖励办法》,大批私立专科学校被核准设置,在接下来的数年间,20多所专科学校相继成立。同时,修订职业教育的目标为"培养并增进青年实用知识、职业知识、技能及服务道德",以配合台湾地区经济与产业快速发展的人力需求。

1974年,鉴于台湾地区经济朝向知识密集型产业发展,台湾工业技术学院(现为台湾科技大学)成立了,这是台湾地区第一所以职业教育为导向的技术学院,招收专科学校及职业学校毕业生,以培养高级技术人才,使职业教育向上延伸至高等教育层次。由此,台湾地区职业教育形成职业学校、专科学校、技术学院三个阶段实施的一贯体系,为台湾地区教育制度的一大特色。1979年,该校设立工程技术研究所硕士班,1983年该所增设博士班。至此,工程技术教育包含了专科、本科、硕士和博士多个层次的教育,高等职业技术教育的完整体系初步形成。经过10余年的发展,第二所技术学院云林技术学院(现为云林科技大学)于1991年成立。之后台湾地区教育事务主管部门又同意把3所专科学校——台北工专、台北护专及台湾艺专改制为技术学院,改制成功后,其他技术学院如雨后春笋般诞生。1997年,台湾地区教育事务主管部门首次同意成立科技大学,共有5所,即台北科技大学、台湾科技大学、云林科技大学、屏东科技大学和朝阳科技大学,初步形成了"职业→专科→技术学院→科技大学"的体系。从1995年到2006年,台湾地区大力发展高等职业技术教育,科技大学从0所到32所,技术学院从7所到46所,大学附设技术院系从2所到39所。整个职业教育体系更加完善,实现了"操作员→技术士→工程师"各层次人才的培养。2015年,科技大学增加为59所,技术学院16所,而专科学校由1997年的61所减少到15所。台湾地区职业教育的发展,在人才培养方面确实提升了人力资源水平,为创造"台湾经济奇迹"做出了贡献。

从学科建设来看,新增技术学校主要有工业专科、商业专科、工商专科、农业专科等,其中以工业专科学校为最多。这一时期,为发展技术密集型工业及配合实施九年义务教育,扩大培育经济建设所需技术人力,同时优先扩充专科教育,以提升基层技术人力及培育中级实用专业人才,高职及五专招生名额得以快速增加,但对于包含专科学校在内的高等教育的扩充则采取审慎的政策。

从数量与教育质量来看,为保证充足的经费投入,原先各州厅的农业、工业、商业等学校一律改为省立,私立职业学校也由日据时期的5所陆续兴办了许多,1950年共有77所职业学校;至1968年,中等职业学校(含初职与高职)134所、学生150131人,专科学校63所、学生76696人;至1986年,中等职业学校即高职有204所、学生437924人,专科学校77所、学生244482人。[①] 在质量方

---

① 据台湾地区教育事务主管部门统计处1987年教育统计数据。

面,在财政拨款等扶持下,职业学校的校舍、设备不断改善,职业教育的质量也有一定提升。在 20 世纪 50 年代初期,为配合各项经济政策,台湾地区教育事务主管部门陆续公布各类型职业学校暂行课程标准,确立职业学校技能训练与基本理论并重的教育目标,培育各项基础建设所需要的各类人才,并在 1954 年颁布《建教合作方案》,推动职业学校与生产事业单位的实习合作,还通过举办学生技艺竞赛,鼓励和选定职业学校开办实用技艺训练中心等措施来提高学生的训练质量。[①] 随着 1973 年世界银行教育贷款与1979 年《工职教育改进计划》以及 1982 年、1986 年陆续推行的第二期、第三期《工职教育计划》,台湾地区教育事务主管部门加大投入力度,帮助产业界扩建实习厂房,职业学校的各项设备得到了更新,学生能力与专科教育的品质得到了全面提升。

从学校结构来看,随着经济发展需要大量工业技术人力,1967年商业职校生占比有 46%,农职学生占比 22%,工职学生仅占比18%;到 1975 年,工职学生已占比 50%,商职学生占比 35.82%,农职学生则占比 5.77%。[②]

从教学形式来看,1968 年,台湾地区教育事务主管部门开始积极推行建教合作实验班,采取半工半轮调方式,使学校教学与工厂训练相结合,改善传统单位行业课程,以拓宽职业学校学生的学习广度。

---

① 张铎严.台湾教育发展史[M].台北:台湾空中大学,2005.

② 汪知亭.台湾教育史料新编[M].台北:台湾商务印书馆,1978:403-404.

四、台湾地区职业教育侧重点

从人才培养目标的定位可以看出台湾地区职业教育有所侧重，可见台湾地区职业教育是为培养技术专门人才，配合经济建设需要而制定的，因而台湾地区职业教育的规模和层次随不同时期的经济发展水平而有所不同。20世纪50年代，台湾地区为配合以农业培养工业，以工业发展农业的政策，积极扩充工、农职业教育。20世纪60年代，台湾地区职业教育配合经济由农业转型工业发展，在培育技术人力方面，农业类科学生数增长停滞，而工业及商业类科学生数增长迅速，尤其是工业类科呈现蓬勃发展之气象，工业职业学校学生数在职业学校的学生数中占比18%，工业职业学校在职业学校数中占比17%。另外，随着台湾地区经济建设的蓬勃发展，产业结构逐渐由劳动密集型转向技术密集型，20世纪60年代后期为提高技术人力的层次，设立了技术学院，而且提出了技术教育应有更多弹性，并建立系统，直至与大学平行的原则。20世纪70年代，随着台湾地区经济的快速增长，所需的技术人力极为庞大，职业教育原有结构已无法适应基层技术人力的需求，职业教育不仅要求量的扩增，而且要求充实内容，提高人力素质。因此，台湾地区大量增设专科学校。此举开了职业教育朝向高学历发展的先河，对于人力素质提升有很大益处，但也埋下职业教育以升学为导向的前因。20世纪80年代，台湾地区经济处于工商业转型时期，职业教育根据需求进行全面调整，提升发展层次，积极增设专科学校及技术学院，以适应经济转型的需求。20世纪90年代，为配合经济全面转型，促进产业升级，满足人民群众对高等教育的需求，台湾地区积极调整职业教育体系，逐步扩大本科以上层次职业教育的规模，将部分专科学校改为技术学院，技术学院改为科技大学,同时规划设立社区学院,弹性调整及扩充职业教育学制,畅通学生进修渠道;修订职业教育法规,以适应社会变迁,放宽办学弹性,促使职业教育配合地区需求。

五、台湾地区职业教育重专业技能,轻人文素质

在复杂的国际环境中,台湾地区高职院校在 20 世纪 90 年代迅速发展起来,技术教育发展迅速,必然导致在通识教育的课程设置中忽视职业技术培训与人文素养培育的紧密结合,以致大多数毕业生的人文素养薄弱,人文关怀普遍不足,面临着可持续发展后劲不足等问题。

高职院校在为台湾地区经济发展培养技能型人才时,忽视了对职业技术教育本质的价值认识,偏重于专业技术教育的内容。其一味重视专业技能培养而轻视人文素质造成的弊端也逐渐在社会中显露出来。与普通大学的毕业生相比,职业院校毕业生的人文素养明显缺失,只顾追求物质文化生活,精神文化生活出现滑坡,社会风气日益浮躁,人被功利驱使牵绊。台湾地区职业教育专家意识到要重视人文素养,修订人才培养方案。他们认为:"受传统实行劳动密集生产方式的影响,台湾的职业教育均较偏重职业技能之训练,而忽视五育之首的'人格教育'。侧重技能训练的教育理念,固然为产业发展培育了不少技术精英人才,却也造成价值观的扭曲及人文素质涵养低落等社会消极影响。因此,职业教育应痛定思痛,及时加强丰厚学生的人格教育,调整'技术导向'的教育目标,落实全人化的教育理念。"

如台中高级农业学校,针对产业结构的演变和 21 世纪社会的变迁,要求农业高职教育朝"国际化""信息化""科技化""多元化"方面努力。在人才培养目标上,除达到农业各领域基础及专业技

能之培育外,也非常重视"德、智、体、群、美"五育并重的"通识全人教育"。该校所说的"全人化"便是指:受传统农业实行劳动密集型生产方式的影响,台湾地区农业教育均较偏重于职业技能训练,而忽视人格教育,这正是缺乏中国传统文化中所积极倡导的人的主体性意识和传统道德价值观。所以,应及时加强丰富学生的中国传统文化道德修养,进一步完善人格教育,调整"技术导向"的教育目标,落实全人化的真正教育内涵。

又如台湾地区处处可以见到太多拥有高等学历的人,但他们的行为并不符合所谓知识分子应有的水平。为数众多的技术学院常标榜自己"技高一筹",而中国传统文化教育却相对被忽略,学生忽视基本的生活礼节和法律,对非己身信仰的宗教常识认知太少,甚至不了解度量衡中基本的面积单位"平方米"与台湾地区通用的"坪"之间的关系。可见,基于实用主义的职业技术教育模式,虽然一时可以提供各种技术人力资源,为社会经济发展服务,然而由于过度强调注重职业技能教育,将人视为生产工具,并将工作成效当作个人的价值,如此教育出来的学生,易造成人格的扭曲和知识涉猎的失衡。也就是说,如果培养出来的专业技术人才知识偏狭,只对某专业有较高的技能,在其他方面的能力和素质,如道德与人文艺术的修养、自我反省能力和面对知识经济时代挑战的应战能力等比较缺失,不仅影响学生今后的可持续发展,尤其是创新能力的发挥,而且对社会未来的发展也是极其不利的。虽然在上半个世纪里,高职院校在创造"台湾经济奇迹"中,培养造就出的人力资源为台湾地区工业化转型立下不可磨灭的贡献;但是,伴随着全球经济一体化步伐的加快,台湾地区产业结构大幅转变,劳动密集型产业外移,服务业所占产值大幅提高,整体产业朝向高科技、信息化、自动化方向发展,再加上台湾地区的"少子化"趋势,台湾地区高等职业教育面临新的发展机遇和挑战。未来的社会将面对知识经济时代，整个台湾地区竞争力取决于人民对知识的撷取、运用和创新的速度，以及人民核心能力的培养与基本素质的提升，台湾地区高职院校需有及时清醒的认识。因此，亟须从国际视野、历史发展和人文关怀的层面，提升学生的基础核心素质能力。

2000 年 5 月，台湾地区教育事务主管部门指出，"职业教育是以培育社会所需经建人力为主，在今日科技文明社会中，理想的人力素质应兼顾科技与人文素养，因为过度偏重专业知识与技术培养，将会使社会在经济富裕后缺乏人文素养。因此职业教育的人力培育，除了专业知识与技术传授外，更应加强通识教育，发扬人性本质与人文精神，以提升人民生活质量，形成'富而好礼'的社会"。为此，台湾地区教育事务主管部门拟定了"追求卓越的职业教育，建设人文科技岛，提升竞争力"的职业教育发展战略，并出台推动职业教育精致化、多元化的十大具体措施及行动方案。这标志着台湾地区职业教育政策开始向"人文—科技"方向做出重大调整。

为促进职业院校加强对学生人文素养的培养，2004 年 10 月，台湾地区教育事务主管部门出台所谓"技术及职业校院法草案"，其中第一条明确规定："技术及职业校院以传授、研究、发展应用科学及实用技术，培育具有职业道德与文化素养之各级专门及技术人才，服务社会……为宗旨。"要求职业院校在开展专业技能培养的同时，兼顾人文素养的教育，采取以职业和人文并重的"两条腿"走路发展模式。2009 年 5 月，台湾地区行政管理机构通过《职业教育再造方案——培育优质专业人力》，提出了大力振兴职业教育，重新建构职业教育特色的十大策略，希望为台湾地区产业发展培育具实作力、就业力及竞争力之优质专业人才。之后，在促进台湾地区职业教育振兴过程中,一直重视职业教育与人文并重。

六、台湾地区职业教育方式

20 世纪 60 年代,台湾地区经济发展快速,举世瞩目,一跃成为"亚洲四小龙"之一。人才培育与社会经济发展紧密结合,台湾地区职业教育发展快速,为创造"台湾经济奇迹"发挥了积极作用。其主要原因是教育层次的不断提高为经济快速发展提供强有力的技术人才支撑,教育从普通教育转向职业教育,又从职业教育提升到技术学院、科技大学、研究生院,培养初级技术人才、中级技术人才、高级技术人才、硕士研究生、博士研究生等多层次技术人才。教育水平的提高带动经济的发展,经济的发展又促进教育不断向高层次提升。

（一）以农业为主的课程设置向以工业为主转变

台湾地区把职业技术教育看成整个教育体系的一个重要组成部分,认为职业教育的发展是提高人民经济水平的一项必不可少的措施。因此,台湾地区非常重视职业教育的发展,而职业教育又始终紧紧围绕经济发展为中心并为经济发展服务,为台湾地区的经济繁荣发挥了巨大威力。在这种相辅相成的政策指导下,职业教育的课程设置理念得到不断重视和强化,表现在以农业为主的课程设置向以工业为主的转变。

课程是教育系统规划、期望学生获得能力的总和。由于台湾地区职业教育学制体系比较复杂,于是出现了学生升学过程课程不衔接的现象。在这一背景下,台湾地区教育事务主管部门坚持进行职业教育体系一贯课程改革,制订课程改革计划。课程专业设置和课程内容,从 1952 年起,约每 10 年就有一次大的修改。课程改革涵盖了课程发展的基础、职业院校的定位目标与功能、职业教育体系发展、职业教育体系的学校本位课程等内容,其他项目还有基础能力的规划、能力分析的模式、技艺教育学年学分制、三学期制等,是相当庞大的课程改革活动。

日据时期,曾以"工业日本、农业台湾"为其政策,职业教育有农、工、商、家政等学校,工科方面的课程相当复杂,要学习很多科目,无法专注于某一学科。例如,高职的机械科要学习木工、钣金工、铸工、车工、锻工等,而到工厂实习学习技能的课程每周只有4小时,明显不足。1945年后,台湾地区职业教育引进美国单位行业学制,课程专业化,技术专精化,增加工厂实习的上课时数,例如原来的机械科改名为机械工科,只要学习钳工及车工即可,木工、锻工、铸工皆不必学习,每周工厂实习由4小时改为15小时,并积极举办技能竞赛,鼓励学习技能,掌握专精能力。高职如雨后春笋般快速地在各地设立。单位行业所需之硬设备,尤其是工厂建筑及实习工厂之机器设备主要来自于外部援助。单位行业的课程与教学方式,为后来台湾地区职业教育快速成长与发展打下了雄厚根基。

20世纪60年代以前,台湾地区经济仍然以农业为主,职业教育面向培养从事农业和农产品加工的熟练劳动者,相应的课程参考美国中等农职经验,使用农业综合课本,加强实用技能训练和专业知识讲授;20世纪60年代以后,配合台湾地区经济转向以工业为主,于1962年着手修订职业学校课程设置及标准,1972年再次修订课程;配合1979年颁布的《科学技术发展方案》,对工职类课程进行修订。高等职业院校在教学过程中,需大量使用设备,因此配套良好的硬件设备极为重要,尤其是工业产业等系科,如果学校设备资源无法及时淘汰更新,跟不上产业界的实际,等到学生真正接触工作时,就会出现学用落差。

近年来还整合"专业群"。为了适应未来新经济需求的分工趋势,台湾地区职业教育开始进行整体规划专业和课程,将属性相近的专业整合为"群",推行"专业群课程"以扩大就业和增强专业灵活性。专业群是课程发展的基础,强调"横向统整""纵向连贯"的整合性功能,强调弹性学习和核心关键能力的掌握,有助于适应新经济弹性分工对人才的需求。台湾地区职业教育采纳了美国教育以群集为主的课程规划模式,强调学生的未来职业生涯发展、终身学习的需要,很多课程改革模式都以生涯群的观念进行。为了满足科技与产业发展的用人需求,台湾地区职业教育本科课程进行了"实务专题"改革,通过实物专题制作来培养学生解决问题的能力与积极进取的人生观。

(二)回流教育[①]、终身学习

回流教育是台湾地区高等教育体系中一种非常有特色的教育方式。通常招收在职人员,其目的是提供更多的教育机会,普及高等教育并授予学位,以满足经济社会对高级人才的需求。

台湾地区教育事务主管部门于 2001 年指出,为扩增大学在职进修渠道,重视尖端科技开发与学术研究,提升综合竞争力,鼓励各大学开通在职进修的渠道,满足企业界对高级人力的需求。在具体做法上,首先,适度增加各大学研究所,针对专业领域提供在职人士硕士学程之名额;其次,增设大学二年制在职进修专班,以提高专科学校毕业之在职人员的专业水平;最后,增加各大学院校办理推广教育学分班,以满足在职人士的学习需求。

其还指出,大学院校应加强办理在职人员的推荐甄试,以及学位、证书或学分证明的推广教育,提供成人回流参与高等教育的机

---

① 郑金贵.台湾高等教育[M].厦门:厦门大学出版社,2008:122.

会。同时,大学院校应改变招生策略及调整学生结构,以提供更多回流教育机会给需要的人。尤其应建立学分累积与转移制度,此一制度的建立可以增加回流教育的弹性,有助成人学习。最后,为落实回流教育制度的建立,应尽速实施员工进修的教育制度,可以通过立法途径加以明订,或经由雇主及工会通过集体协商的方式制定,同时亦应订定奖励办法以增加公立学校办理回流教育的意愿。台湾地区教育事务主管部门可视需要进行抽查,回流教育制度制定不完善者,应限期改进或酌减招生名额;逾期未改善者,应停止招生或停办。

台湾地区高等专科以上的学校均可提供回流教育课程,按台湾地区现行学制,专科以上学校办回流教育招收在职生入学方式的共同处理原则如下。

1.目的:配合建立回流教育体系政策,订定招收实务为主的在职生,增进台湾地区的竞争力。

2.适用范围:专科以上学校(含职业类院校、师范院校教师在职进修)涉及学位授予及毕业资格的在职进修专班,其入学方式应依本原则办理。

3.基本要求:回流教育在职进修的入学资格,除应符合相关法令规定等级的学历或同等学力条件外,还应限定具有一定的在职身份,各校应另订工作年限的要求。

4.甄试方法:依所谓"大学法"等的规定,其入学须经公开的入学甄试。在职专班甄试以单独办理为原则,甄试方式除笔试外,还应采用面试、审查、实际操作、演示等方式;情形特殊者,其甄试方式可做另案申报。

5.录取标准:录取标准应参酌下列各项办理,各校可以于下列项目比例中上下10%的范围内自行调整。

5.1 笔试成绩:占40%;以专业实务科目为主,题目考量以实务为重点,并以不超过两科为原则。

5.2 工作经验:占30%,以专业表现为主;可采用计点或加权计分方式。

5.3 相关工作经验年限(不同年限的计分比例应有区别)。

5.4 职业证明或专业资格证书。

5.5 专业工作成就。

5.5.1 个人职务及表现;

5.5.2 获奖纪录;

5.5.3 创造、专利、发明、表演、发表文章及著作等;

5.5.4 服务单位的推荐信;

5.5.5 其他足可证明个人专业工作成就的资料。

6.学习能力与相关特殊表现:占30%。

6.1 自传或专业心得报告;

6.2 读书计划或研究计划;

6.3 相关的特殊表现;

6.4 其他足可证明的资料。

7.专班上课:限本校或经台湾地区教育事务主管部门核准的分部、校区;但经专案报台湾地区教育事务主管部门核准者,不在此限。

8.实施规范。

8.1 各校应成立招生委员会,本着公平、公正、公开的原则办理各项工作。

8.2 招生委员会应参酌前项的录取参考标准,针对各系的特殊需求,制定具体的录取计划标准,并明确公布于招生简章中。

8.3 工作经验及成就的计分应尽可能具体量化,无法量化的部分和学习潜能部分应由相关系所的审查小组审核评分。

8.4 各校简章及学习规则应注明：所提交在职身份及经历、年限证明，经查如有伪造、双造、假借、冒用、不实者，未入学者取消录取资格，已经入学者开除学籍，并应负相关法律责任。

8.5 各校应于招生工作结束后进行总结及追踪。

台湾地区教育事务主管部门的"推动终身教育、建立学习社会"业务改革小组介绍了 2002 年前后推动高等学校建立回流教育制度的做法。

为计划性、整体性及全面性推进回流教育，特制定《建立高等教育回流教育体系实施方案》，自 1999 学年度起鼓励各大学院校于教学资源充裕及确保教学质量条件下，规划办理研究所硕士及大学部二年制在职专班。为落实大学自主理念、促进大学未来发展整体规划、维持大学基本教学质量，自 2002 学年度起大学增设、调整系所班组及招生名额实施"总量发展方式"，各校未来更能于教学资源充裕、确保教学质量及衡酌社会需求等条件下弹性规划办理。大学院校 2002 学年度增设、调整系所班组经审核通过可开办招生者计 31 校，其中研究所在职进修专班核准公私立大学院校23 校，核准招收 1607 人。大学部二年制在职专班核准公私立大学院校 8 校，核准招收 550 人。推动职业教育伙伴关系计划及永续发展之教育，提供职业院校申请本年度"提升教学质量及发展学校重点特色项目"补助计划，让学校与企业界良性互动，相互学习，发挥学校教育功能，提供人民终身学习机会。

第二节　台湾地区职业教育的发展因素

台湾地区职业教育改革始终与社会经济发展紧密相连,职业教育是台湾地区经济建设发展的命脉,成功扮演了经济建设成长发动机的角色,同时经济发展又始终是推动职业教育变革的重要因素之一。进入 21 世纪后,台湾地区提出了建设绿色宝岛的目标,高举永续发展职业教育的总方针,向绿色台湾、活力台湾、速度台湾、优质台湾、魅力台湾 5 个新方向发展;制订了 2002—2007 年台湾地区重点发展计划,以"全球接轨,实地行动"为基本发展策略,以"以人为本,永续发展"为核心价值,落实十大重点投资计划,分别为文化倡议产业发展、国际创新研发基地、产业高值化、观光客倍增、数位台湾、营运总部、全岛运输骨干整建、水与绿建设、新乡社区营造等。

为适应经济发展新目标,2000 年台湾地区发表了职业教育的相关文件,提出了追求卓越职业教育的十六条具体措施:(一)建立职业教育完整体系;(二)适度增扩高等职业教育;(三)灵活弹性调整职业系科;(四)开辟多元职业入学渠道;(五)实施两季招生落实实习;(六)加强推动综合高中教育;(七)发展改进中学技艺教育;(八)加强学生基本通识教育;(九)增进学生信息应用能力;(十)扩展学生创造思考能力;(十一)强化学生技能检定工作;(十二)提升教师专业实务能力;(十三)推动职业教育伙伴关系;(十四)加强弱势族群职业教育;(十五)建立高等职业回流教育;(十六)提升职业教育经营品质。这些职业教育改革措施在进入 21 世纪以来的一段时期得到了不同程度的贯彻。

这些规定对台湾地区职业教育的发展起了积极的推动作用，特别是通识教育的实施，提高了人文素养，对台湾地区的社会、经济稳定具有重要的作用。

一、开放的观念

台湾地区职业教育从 20 世纪 50 年代开始引进美国、日本、德国等先进国家的课程模式来加以实验与实证，依照区域情况及实地验证，在充分了解其可行性后再扩大实施。比如 20 世纪 50 年代，美国宾州州立大学与台湾师范大学合作培育职业教育师资即很成功的案例；20 世纪 70 年代，美国威斯康星大学与台湾师范大学合作培育职业教育研究所之师资也是成功范例之一。在科学技术高度发达的电子时代，职业技术教育不但不会过时，反而更显出其强大的生命力，为台湾地区经济发展起到了重要的作用，这是值得福建高校借鉴的成功经验之一。

二、职业教育的相关规定

台湾地区职业教育之所以能发展，是因为台湾地区教育事务主管部门确立修订了所谓"专科学校法""职业学校法""私立学校法""私立学校奖励法""私立学校课程设置标准法"等。台湾地区历来重视"教育立法"，办职业技术教育也不例外，在各个历史时期均颁布相关规定来推动、发展和巩固此类教育事业，给职业技术教育提供切实有效的保证。

20 世纪 70 年代初，世界范围内能源危机对台湾地区的经济造成负面影响，台湾地区经济发展出现停滞。为了摆脱困境，台湾地区开始实施新的经济发展战略，发展重工业，加强技术密集型产业。产业结构的调整与工业升级目标的确立,要求职业教育培养具有高级技能型的人才。为此,台湾地区职业教育改革实行了以下主要举措:将9年义务教育延长至12年,以提高人民基础文化素质;减缓职业学校发展,逐步调整普通高中与职校在校生的比例,由原来的3∶7调整至4∶6;鉴于20世纪60年代专科学校设置过多,办学质量有下降趋势,20世纪70年代开始整顿专科教育,以质的提升取代量的扩张,走内涵式发展方向,1970年召开的台湾地区第五次教育会议明确提出"技术教育应有更多的弹性,并建立系统的职业教育体系,直至与大学平行"的教育革新原则,确定职业教育机构包括职业学校、专科学校及技术学院,开始构筑职业教育体系。

在行政机构方面,建立起专门的管理机构,1968年台湾地区教育事务主管部门设立专科职业教育司,1973年专科职业教育司改为技术职业教育司,开展相关宏观决策和微观政策的落实工作,管理专科学校和技术学院事宜,自此台湾地区职业教育行政管理自成体系;1976年颁布了所谓"专科教育法",使专科教育逐步走向法制化、规范化;1979年开始设置研究所,举办硕士研究生班,构筑台湾地区职业教育体系。20世纪80年代起,台湾地区在教育自由化与均衡发展的目标下,为纾缓升学压力,再度开放私人捐资新设大专院校,废除三专学制辅导改制学院或技术学院;同时规划逐年增加大专院校招生名额,至2000年时,大学院校学生人数逐年增加。

在升学渠道方面,为适应升学需求,增加学生就学选择,1990年台湾地区职业教育实施高职学校学年学分制,弹性调整高职学生就业年限;1991年台湾地区教育事务主管部门调整职业、高职学生的比例,扩大学生选择范围;1994年台湾地区"教育大改革"

后,台湾地区教育事务主管部门试办综合高中,注重打通职业教育升学渠道,使学制之间相互转轨。学生在中学阶段可选择就读高级职业学校、普通高中附设职业类科、综合高中专门学程、实用技能学程、五专前三年,而高职毕业后可再选读二专或四技;二专、五专毕业可选读二技,或从事实务具备职场经验后,可继续深造攻读硕士和博士。在这个过程中,高等职业教育体系也被重新调整,大量升格改制。一方面,升格改制整体提升了高等职业教育的层次水平,但也由于各校办学水平不一,学生素质不齐,大学生就业情况不容乐观,高等职业教育饱受质疑;另一方面,高等职业教育被迫与普通高等教育竞争,由于受学生高升学意愿与评鉴机制的影响,高等职业教育在人才培养过程中以升学为导向并呈现学术化倾向,以致传统实务致能的理念被忽视,影响高等职业教育的良性发展,需要办学者及时反思与检讨。

20 世纪 90 年代以后,随着航天工业等高新科技发展,台湾地区提出了"六年建设计划",其中对产业发展"实施积极发展云林、台南等科技工业区""实施促进产业升级条例""施行加速制造业投资及升级方案""研订十大新兴工业发展策略与措施""掌握八大关键性技术"等主要措施;1992 年,推出"航天工业发展方案"及"工业自动化五年计划";1993 年,提出"十二项建设计划",公布"振兴经济方案";1995 年,通过"发展台湾地区成为亚太运营中心计划方案"。职业教育体系内学生升学进修渠道更为畅通;公布师资培养法,强调职业师资的实践能力,加强教师在职讲修,提高教师综合素质。

三、兴办技术学院、科技大学,推广终身学习

台湾地区职业教育办学形式大体分为私立、公立两类,公立又

分为市立和省立。台湾地区早期的私立学校多由教会主导,20 世纪 60 年代台湾地区财团兴起,台湾地区对私人兴学大力支持和积极引导,鼓励财团参与兴办教育,使得台湾地区私立职业院校非常发达,有一半以上是属于私立学校,形成较大的规模。台湾地区订立了私立学校奖助金办法,鼓励私立职校发展,20 世纪 80 年代开始鼓励私人兴办专科及技术学院以来,私人兴办职业教育成为风潮,私立院校快速成长,办学绩效良好。到现在,台湾地区私立职业院校数目多于公立院校,在校生数也多于公立院校。2005 学年度,台湾地区共有专科以上层次职业院校 92 所,其中公立 19 所,私立 73 所。私立学校的兴办加剧了院校之间的竞争,提升了职业教育品质,推动了职业教育发展,对台湾地区职业教育发展贡献很大。

台湾地区职业院校的生源主要是中专、职校的毕业生。台湾地区的初中毕业生有三条升学渠道:一是参加普通高中考试,升入普通中学,高中毕业后报考普通大学;二是报考五专学校(五年制大专),属高职(专科)性质;三是报考中等职校,学制三年,属于中职性质。台湾地区高职院校每年实行联考制,主要招收中等职校的毕业生。应届高中毕业生若要报考高职院校一般须工作一至两年。高职院校也向五专毕业生招考,考上后读两年即可获得本科文凭。

随着信息时代的来临,科技的迅速发展,终身学习已是不可避免的趋势,教育的目的是培养学生适应社会生活和工作的需要,课程改革是整个教育改革的核心,而培育学生终身学习的能力成为课程改革的焦点。为了适应改革需要,台湾地区于 1993 年开始讨论教育未来的改革方向,经过三年努力,于 1996 年发表所谓"教育改革总谘议报告书",针对 21 世纪台湾地区教育改革需求提出具体建议。该报告对台湾地区教育改革的具体方案有:放宽教育限制;协助学生适应课程改革与教学;畅通升学渠道;建立终身学习机制;放宽入学条件及修业年限,推动职业回流教育;放宽入学方式及修业年限。调整职业课程,酌增一般科目课程学分以提高学生基本能力和职业道德,配合职业教育升学渠道畅通,规划教育体系课程,加强各级各类职业教育课程的衔接、统筹与调整;制定优惠政策继续鼓励私人兴办职业教育院校,加大力度提高对私立学校的奖励补助。

其中,"放宽教育限制"的做法包括:重新调整教育行政体系,调整中小学行政和教学,保障教师专业自主权以及对学校人事任用和经费运用给予尊重。"协助学生适应课程改革与教学"的做法包括:改革课程与教学,协助每位学生培养基本能力,建立补救教学系统,建立辅导工作新体制,加强身心障碍教育以及尊重少数民族教育、二性教育和幼儿教育等。"畅通升学渠道"的做法包括:高职教育朝综合高中发展,推动多元入学制度,提升教师专业及高等职业教育品质,促进职业教育多元化与精致化。"建立终身学习机制"期望通过终身学习,重新检视现有教育体系,建立不同学习机制。"放宽入学条件及修业年限",使职业院校转型兼具社区学院或社区大学功能,统筹调整终身教育体系,配合学校教育改革,建立回流教育制度奖励措施。这五项教育改革的主要内涵与规划理念,与世界各国和各地区教育改革的理念一致,策略相似,有力地推动台湾地区教育改革的发展。

四、教育普及化①

20 世纪 90 年代,高等教育大众化和普及化是世界高等教育发展的潮流和趋势。在台湾地区,高等教育的大众化和普及化带动了台湾地区职业教育的快速转型与升级,技术学院和科技大学得到大力发展,成为台湾地区职业教育的主体和重要组成部分。台湾地区教育的普及率排名不亚于先进国家和地区,而就读于职业教育体系学生百分比更是独占鳌头,曾有一度约有 72% 初中毕业生就读于职业体系。这些学生普遍具有"进可攻,退可守"之优势:想升学,有能力者可到硕士班、博士班就读;想就业,有一技之长则容易就业。早期是学校挑选学生,如今是学生挑选学校,因为人人只要有意愿与能力,都有进修的机会。大陆的中专、职校、技校之所以不太受初中毕业生欢迎,原因之一在于成了"三校生"[三校生是对正在接受中等职业教育学生的一种统称,其学生来自中专(中等专业学校、职业中专)、职高(职业高级中学、职业技术学校、职业学校)和技校(技工学校)]之后就没有上大学的机会了。台湾地区为"三校生"开辟上大学的渠道,每年有 15%～20% 的"三校生"可以升入大学读书。高考内容与普通高中分开,优秀生可保送上大学。笔者认为,如果"三校生"报考大学首先要考虑专业是否对口,这样才有利于本科高校培养理论与实际相结合的高层次人才。如果"三校生"有机会报考大学,既有利于初中毕业生合理分流,又有利于调动"三校生"的学习积极性。

---

① 杨金士,高林.台湾职业教育的过去、现在与未来[M].北京:清华大学出版社,2007.

五、重视师资质量，提高教师待遇①

前面叙述了台湾地区采取开放的教育理念，引进发达国家的教育理念，取得了许多成功经验。台湾地区职业教育师资培育也深受发达国家和地区的影响，英国 1998 年教育改革报告书"迎接改变的挑战"、美国 2002 年"不让任何小孩落后"法案和澳大利亚"21 世纪的教师"中均强调了教师质量提升的重要性，制定了师资培训相关政策，提升了师资综合水平。台湾地区中小学教师（包括职业学校教师）培育制度自 1995 年起有重大变革。师范院校和师资培训大学的毕业生修完学分后，必须通过教师资格鉴定考试才具备实习教师资格，通过半年的实习取得合格教师证，再参加各校新聘教师甄选工作。这样的制度比以往师资培育方式严格甚多，目的在于通过严谨的教师培育方式，强化教师专业能力，提升教学品质。

除此之外，为维护教师专业能力持续发展，台湾地区教师相关的所谓"法律"规定，教师可以组成教师会，学校校长的续任、新校长遴选、新教师遴选或学校涉及教师权益的重要措施都须由教师会代表参与决定。这些变革虽然维护教师专业尊严，符合教改潮流，却也产生教师干预行政过多而权责不对等的现象，影响学校行政运作模式，甚至造成部分学校行政领导的困扰，教师专业与学校行政之间的平衡需要在改革中不断完善。

充沛的师资是确保台湾地区职业教育成功的必要条件。台湾地区为了确保教师队伍的质量，从教师地位和待遇上创造条件扩

---

① 杨金士，高林.台湾职业教育的过去、现在与未来[M].北京：清华大学出版社，2007.

大队伍、提高质量。在台湾地区职业教育发展过程中,把稳定、扩大专业师资队伍,提高职业技术教师质量作为发展职业技术教育的重要手段来抓,这些具体的实际措施对师资队伍的建设是十分必要和有效的。台湾地区一般工人的月薪为1.5万~2万新台币,而大学毕业生当小学教师后月薪为3.7万新台币,工作5~6年后可拿到5万新台币,资历较高的小学教师月薪为6.6万新台币,小学校长的月薪为7万~8万新台币。中学教师与小学教师的待遇差不多,但具有硕士、博士学位的教师要高于学士学位的教师,每月多1万~2万新台币。大学副教授月薪7万新台币,正教授8万~15万新台币,担任所长每月加2万新台币,处长每月加3万~4万新台币,校长每月加6万新台币以上。教师退休后待遇也很好。一个小学教师,若工龄在30年以上,退休时可得350万~400万新台币的退休金,存入银行享有较高的利息,一年可得6万~7万新台币,生病就医全额公费支付。由于台湾地区教师的待遇高于公务员,大批优秀青年报考师范院校,有力地推动了教育的发展。

大陆教师待遇普遍比较低,因此大多数优秀高中毕业生不愿当教师,严重影响了教师队伍的质量,应引起高度重视。如何才能改变这一状况?一是增加拨款,提高教师待遇;二是适当增加学校收费标准;三是扩大办学规模,提高师生比例,提高办学效益。

六、重视学校建设,实施多渠道集资①

台湾地区在大力发展经济的同时,非常注重对职业教育的投入,多渠道筹措教育经费,既有台湾地区教育事务主管部门的拨

① 杨金士,高林.台湾职业教育的过去、现在与未来[M].北京:清华大学出版社,2007.

款,也有来自企业、团体、个人的资助,从经费上支持教育。解决好经费来源这一关键性的重大难题,是台湾地区职业教育得以持续发展的经济基础和重要保障。几十年来,台湾地区在教育投资上的绝对量和相对量呈不断上升趋势,包括对职业教育的投入,并以所谓"法律"形式规定了各级主管部门预算中教育经费应占的百分比。

经济发展为职业教育办学条件改善、师资培育,尤其为需要大量资金投入的职业教育实践教学开展提供了经费保障。20 世纪 80 年代以前,台湾地区职业教育实践设备沿用日据时期、世行贷款时期的设备。进入 20 世纪 80 年代,随着经济快速发展,台湾地区有能力支撑庞大的设备经费,先后两次以汰旧换新项目方式编列了经费,大幅度补助各院校购置各种设备,对促进机制教育发展和提升教育品质有很大帮助。到 20 世纪 90 年代初期,台湾地区经济飞速增长,教育经费预算受台湾地区宪制性规定第 164 条保障,其规定:"教育、科学、文化之经费,不得少于台湾地区预算总额的 15%……"职业教育经费得到大幅提升,使台湾地区职业教育发展迎来了黄金时期。

台湾地区对高等教育的投入比较多,对一所万人大学(含夜校部)每年投资 20 亿新台币(相当于人民币 5 亿元)以上。20 世纪 90 年代新建的东华大学得到 200 多亿新台币建校费。台湾地区的私立大学占一半以上,这样就减轻了当局的负担,当局可以集中财力投入公立大学。台湾当局对私立大学的经费投入只占该校总经费的 20%,而对公立大学的投入占该校总经费的 80%。20 世纪 90 年代之前,台湾地区高校的学费标准较高,公立大学的学费:文科每年 4 万新台币,工科每年 6 万新台币,医科每年 8 万新台币;私立大学的学费:文科每年 8 万新台币,工科每年 10 万新台币,医科每年 12 万新台币,学生住宿费另收。这大大缓解了办学经费紧张的矛盾,但是到 20 世纪 90 年代末期,台湾地区经济开始走下坡路,导致教育经费逐年萎缩,职业教育也必须依靠自筹经费来发展。

大陆的高校几乎都是公立大学,经费全部由政府负担。这种单一的国有化大学是计划经济的产物,是适应计划经济需要的,现在已不能适应和满足市场经济发展和人民群众的需要。建议将 1/3 左右的大学逐步改制为民办大学,经费来源主要靠学费和集资,政府给予一定的补助。只有改变单一的国有化教育体制,采取多渠道集资办大学,才能推动高等教育的大发展,满足人民群众对教育的需求。

七、重视产学研结合

(一)培养企业需要的人才

台湾地区高职院校依据各校传统专业特色优势确定人才培养目标,在课程设置方面鼓励开设培养学生专业能力的课程,在各类产学专班中,规定需开设一定比例的操作实务课程,加强学生实务能力,训练核心专业技能,增加学生实作经验与技巧,培养独立操作设备的能力;同时邀请企业与学校共同规划课程或编写教材,使课程与产学实际相衔接,使理论与实务相结合,有助于学生消化所学的课堂知识,锻炼动手操作能力。

台湾地区教育事务主管部门自 2002 年成立职业院校产学合作指导委员会以来,陆续设立了 6 个区域产学合作中心和 40 个职业院校技术研发中心(截至 2012 年)。机构的设立为职业院校与产业界沟通提供了窗口,推动了各院校之间的合作,并将技专院校的产学合作纳入评鉴项目及奖补助的参考依据范围,探索扩大职业学校与产业界研究合作及交流渠道的措施。开办高职在校生丙级专业技能鉴定,开放专科及技术学院学生参加乙、丙级专业技能鉴定机会。对于有证照的学生在招生入学时,给予加分优待。加强建教合作,增进职业院校与企业间的学习伙伴关系,加强学生操作技能经验,落实职业证照制度。

产学研结合目的是培育职业院校师资素养,提高职业教育水平。台湾地区职业院校师资多数来自普通教育体系,对职业教育特征认识还不甚清晰,实务经验还普遍缺乏,为了提高师资素质水平,加强教学与产业界联系,修正过去以学校为中心、偏重书本知识学习的弊端,学校通过产学研结合的途径,采取与产业界密切配合畅通职业师资进修渠道的途径,规划师资双轨及双向交流,学术支援企业,企业配合学术,延聘企业人才到学校教书育人;加强教师专业教育和技术专门教育能力,鼓励学校教师到业界授课;促使教师之延聘资格与评估、专业证照的价值、专利发明及技术成果转让等更有弹性,激发教师积极性,提升专业能力,使教师发挥更大的作用。

(二)学用结合,重视实践

为培养学生毕业即就业的能力,扭转大专院校学生实习时数减少的趋势,高等职业院校强调学生实习。从各类产学合作人才培养的政策措施中可以发现,产学专班或直接的企业实习都包含了实习的部分,只是要求学生实习的时间长短不一而已。通过实习,学生零距离、直观地接触产业实作,可以将在学校课堂上学到的理论知识运用到实际工作中,从工作中获得反馈,实现学用结合;还可以帮助学生早日熟悉职场环境,了解自身水平与目标工作要求的差距,有针对性地补充相关知识与技能,确定自己的职业选择,积累工作经验。有的企业留任率较高,学生在实习结束后,就可以留在原公司,解决了学生的就业难题。此外,实习的时间直接转为工龄,学生在正式工作之后,晋升时间较快且空间较大。

当前,台湾地区教育事务主管部门在规划推动产学合作向卓越化发展,并计划结合评估等级给予经费支持,并在 2006 年投入 20 亿新台币用于产学研合作后,逐年增加经费,评估绩优院校将连续获得奖励。同时,建立产学合作资讯网,以推动设立各区域中心、技术研发中心,与所属职业院校共同推动区域性产学合作发展,并建立业界与学界跨区域、整合性的互动交流平台,以利于产学合作的整体发展。

（三）企业专家协同授课,促进职业教育发展

2014 年,台湾地区教育改革,学生与家长的选择将对高职产生重要影响,进而影响高等职业教育。职业教育只有培养出高质量的人才并受到社会的认可,才不会被边缘化。并且,由于台湾地区经济的不景气,竞争力走向低落,企业生存压力增大。大部分中小企业缺乏研发的人力、设备、经费,企业希望降低招募成本,减少员工培训费用。为此,台湾地区教育事务主管部门在 2014 年起推动第二期职业教育再造方案时,特别争取经费协助技专院校改善教学环境,鼓励进行教学设备更新,为课程教学与能力培养打下基础。同时,企业希望借助学校的力量,加快技术研发,提高企业竞争力与知名度,实现长远发展。因此,越来越多的企业参与到学校人才培养的制定过程中,为了有效协助学生了解自己的职业发展方向,能更有针对性地加强其就业能力,台湾地区教育事务主管部门建置了大专院校就业职能平台,结合职业兴趣探索及职能诊断,以符合产业需求的职能为依据,增加学生对职场的了解,制订自我职业能力培养计划,针对能力缺口进行学习,以具备正确的职业素养,提高个人职场竞争力。

为了使教师传授的知识内容与就业实际需要相一致,加强与产业接轨,缩小学用落差,在人才培养过程中,请企业界专家协同授课是满足社会需求的一项必要措施。企业导师在教学过程中,可以向学生传授最新的产业资讯,使学生对产业行情产生一定的认知与理解。目前,台湾地区在企业导师协同授课方面已形成一套机制,台湾地区教育事务主管部门在 2009 年首次颁布《补助技专院校遴聘业界专家协同教学实施要点》,明确规定企业导师需要具备的条件:台湾地区内、外大专以上毕业,并同时具有 5 年以上与任教领域专业相关的实务经验且表现优异者;或具 10 年以上与任教领域专业相关的实务经验且表现优异者;曾任台湾地区最高级以上的专业竞赛选手、教练、裁判者或曾获最高级专业竞赛奖牌、荣誉证书者;以及其他经学校自行认定足以担此任务的工作者。台湾地区教育事务主管部门规定给每位协同教学的企业导师每小时 1600 元新台币的课时费,并补助 6 次交通费。

第三章　台湾地区职业院校实施
传统文化教育的现状

第一节　台湾地区职业院校教育
重视人文素养

台湾地区的学校教育始于 17 世纪初。荷兰殖民者占据台湾后，为长期推行殖民统治，设立名为"学林"的学校，教授教理、拉丁语、神学等课程，吸收先住民学童加入基督教，开台湾地区学校教育先河。这时期没有文字教育，也没有教育行政机构，著名史学家连横在《台湾通史》中说："荷兰得之，始教土番，教以为隶而已。领台之三年，乃派牧师布教，以崇信基督。"虽然台湾地区在历史上屡遭殖民主义者的残酷统治和奴役以及文化的侵略，但台湾地区社会中国传统文化的传承始终没有被殖民文化取代，民族的文化意识没有泯灭。中国传统文化能够传承，与台湾地区教育实施国学教育有关，国学教育在台湾地区教育中是常态化、制度化的。

一、通识教育的由来

20 世纪 50 年代，台湾地区实行戒严，禁锢人们的思想，学术自由受到限制。直到 1984 年，台湾地区高校开始提倡通识教育，有的称通才教育。通识教育最早起源于 19 世纪的美国,1829 年帕卡德(A.S.Parkard)在《北美评论》发表的文章中最早使用"通识教育"(general education)一词。19 世纪 80 年代传入台湾地区,译为通识教育(general education 或 liberal education),这是采用了中国传统文化中"通"与"识"的概念意义。如在《易经》中有"君子多识前言往行,以畜其德";《礼记》中有"疏通知远,《书》教也";《论衡》中有"博览古今为通人"。概括来说,通识就是指博览群书,博学多识,通情达理,兼备多种才能。一定意义上讲,在大学教育教学体系中,通识教育是与专业教育相区分并对应的一个概念。从中国传统教育思想来说,教育的根本目的在于"成人"与"成己",即通过教育让学生成为一个有理想、有信念、有独立思考能力与独立判断精神的人,这与马克思所说的一个全面自由发展的人有一定的相似之处。所以也有学者把通识教育说成是"人之觉醒"的教育。①

　　通识教育,在很大程度上是基于对现代大学专业化教育反思的产物。现代高校虽然专业课程中的理论课程和实践课程设置精细,但对人的教育和培养却有点脱节,导致学生既不能从中国传统文化的人文经典学习中获取社会文明的文化穿透力,也无法通过思索社会面临的问题而具备公民意识。通识教育不同于一般教育,通识教育是使受教育者具备思考能力、批判精神、时代眼光的教育;通识教育与专业教育并不矛盾,但两者间存在很大区别。通识教育是对专业教育的反思和补充,是推动专业教育发展的动力。通识教育在当今知识爆炸的时代具有很强的生命力,原因在于它

---

　　① 张明.台湾高校通识教育课程建设特色及其启示[J].现代教育科学,2015(5).

将教育理解为健全人生的过程。在专业教育中,知识传授占据了主体,忽视了对人的素质教育,通识教育则是把知识和教师的言传身教转化为内在力量,并进一步转化为素养或者技巧,引导学生认识世界、推动社会向前发展。因此,一门好的通识课程不仅需要教师具备较高的专业水准,还要求教师能加入自己的认识和批评,从而带给学生生动的体验,真正实现通识教育的目的。

二、通识教育的目的

1945 年,哈佛大学委员会提出了著名的红皮书——《自由社会中的通识教育》(*General Education in A Free Society*)。该红皮书为哈佛大学设计了一套通识教育计划,提出通识教育的目的是培养完整的人,这种人需要具备四种能力:(1)有效思考的能力;(2)清晰沟通思想的能力;(3)做出适当明确判断的能力;(4)辨别一般性价值的能力。哈佛大学的通识教育着眼于学生身体、道德和智力的和谐发展,致力于把学生培养成全面发展的人,即有全面的知识、广阔的视野和完整的人格的"有教养"的人。

高校实施通识教育,其目的在于突破目前高校教育中对专业教育过度拘泥的限制,力图从经典教育视野对大学生进行全面的学识教育和完整的人格教育。然而,经典内容距离现在很远,有时与现实生活很难结合起来,再加上有些教师对传统文化中的经典内容所知有限、专业水准有限,这些都使得在通识课程中讲授高深、广阔的学问很有难度。

通识教育包含两方面:一是对人的教育,培养学生宽阔的胸怀和足够的理解力;二是通过提高眼界,培养学生发现问题、解决问题的能力。因此,通识教育既可以完善大学教育,又可以扩充学生的知识和视野。它作为一种全新的课程模式,为丰富教育内容提供了一种有效的教育途径,为提高学生的人文素质奠定了基础。

台湾地区高校教育受美国影响最大,为了学习美国通识教育理念,台湾地区教育事务主管部门于 1983 年颁布了《大学通识教育选修科目实施要点》,要求各大专院校必须实施通识教育。通过通识教育与学习,学生不仅要掌握人文、社会及自然科学的基本知识,而且要养成独立批判与独立思考的能力。该文件中说,由于当前大学教育分科过早,学生缺乏本门学科以外的知识与研究方法,所以大学毕业生选修的课目应包括下列学术范畴:文学与艺术、历史与文化、社会与哲学、数学与逻辑、物理科学、生命科学、应用科学与技术等。这一文件的颁布进一步推动了高等职业技术院校的中国传统文化的教育。1992 年,台湾地区教育事务主管部门将通识课程列为共同必修的领域之一,希望借由通识教育的实施统整学生的知识,并培养人文的器识与开阔广大的视野。1994 年,第七次台湾地区教育会议建议台湾地区教育事务主管部门积极鼓励各大学推行通识教育。1996 年,台湾地区教育事务主管部门废除大学共同必修科目,让各大学通识课程的规划更自主与宽广。2000 年之后,社会急剧变化,经济快速转型发展,世界潮流不断涌动,对职业教育如何培养有着深厚中国传统文化内涵以及"终身学习的能力和动力"的人才提出新的挑战。

第二节　台湾地区职业院校教育重视通识教育的全人发展

针对 20 世纪 90 年代中期台湾地区职业教育重视专业技能培养而轻视人文素质养成的现象,台湾地区职业教育痛定思痛,进行整改。台湾地区教育事务主管部门把重视通识教育的全人发展作为 21 世纪职业教育的挑战,并一针见血地指出:"职业教育因为过度偏重专业知识与技术培养,将会使社会在经济富裕后缺乏人文素养,而理想的人力素质应兼顾科技与人文的素养。因此职业教育除了专业知识与技术传授外,更应加强通识教育,发扬人性本质与人文精神,使个体获得精神充实与全人发展。"由此可见,一方面,20 世纪 60 年代后台湾地区经济快速发展,对外交流日益频繁,随着国际金融危机冲击全球,社会环境发生急剧变化,台湾地区出现诸多社会问题,如道德标准低落、社会人际关系失调、自然生态环境遭破坏、生命信念和理想信仰颓丧、消费主义成为新生代的生活重心等。激烈的社会竞争下不安的气氛在蔓延,人们茫然不知所措,甚至心灵上充斥着虚无主义。面对这种情况,面向学生的核心价值教育显得十分迫切。另一方面,通识教育是注重以人文为核心的全人教育。"全人化"教育理念是以学生为本位,在培养学生专业知识技能之外,更培育学生的多元学识涵养,促进其心智的和谐发展,形成健全人格,使学生个体生命的潜能得到充分、自由、全面、和谐、持续发展。中国优秀传统文化则是通识教育的主要内容。中国传统文化源远流长,是中华民族在漫长的历史进程中逐步孕育发展、历经世代传承积淀下来的物质文明和精神文明的总和,凝聚了中华民族最宝贵的智慧和优秀美好的特质。台湾地区职业院校不断发掘中国传统文化中的内涵和价值,在中国传统文化教育方面进行了许多有益的尝试,积累了丰富的经验。

台湾地区职业院校进行的通识教育强调"全人化"教育理念,就是要避免把技能教育作为职业教育的基本核心价值,而是把中国传统文化的价值取向融入对学生教育的全过程,让学生作为一个具有较完整人格的人参与教育的全过程。这一过程应充满人性的关爱,尊重文化和知识的多元,在掌握技能的同时充实涵养,尊重社会价值取向的差异性,与他人和谐相处,从而实现整个社会的和谐。

1995年,中原大学40周年校庆,首倡"全人教育"理念。1999年,台湾地区教育事务主管部门负责人杨朝祥受中原大学办学方针启发,以"全人教育、温馨校园、终身学习"作为21世纪台湾地区教育的愿景。由此,各职业院校纷纷把通识教育作为践行"全人教育"理念的办学举措。专业与通识并举,科技与人文融合,成为培养"全人"的必由之路。台湾地区职业院校的通识教育从当地的文化根基和现实复杂的文化环境出发,对通识课程的规划、对通识教育内容的定性都建立在一种深刻的民族文化自觉之上。如台湾地区所谓"通识教育白皮书"中说:"面对中西文化的差异、科技成长与人文关怀的冲突,以及世俗价值与超越理想的背反,我们应该考虑从中国人文精神的传统出发,面向21世纪人类文明的可能走向,重新撑开人类知识活动的视野,以一种批判性的考量,规划出相关课程,以期学子在浸润涵养的学习过程中,逐渐培育出现代知识分子理应具备的学养与识见。"正是基于这种深刻的民族文化自觉,台湾地区职业院校在通识课程的设计上,并不是一味地追随西方大学的脚步,而是更重视在中西方文化对比的脉络中,重新建立对自己民族传统文化的认识和理解,使学生对源远流长的民族文化传统,既能有所继承,又能掌握其当前脉动,进而有所开发和创造。

一个国家是依靠精神信念去谋求繁荣发展,一个人更需要一种力量人格去奠定生命的根基。"君子在世,第一立德""志高意必远",中国古代传统观念无不体现着中国传统文化与品德精神的追求,在当今现代化的时代越发显示出它独特的价值魅力。其实,西方人从来没有鄙薄过中国传统文化,20世纪90年代以来,中国文化研究更成为西方的一门显学。中华文化五千年,历史悠久,内涵深厚。教育作为文化传承的基本手段,所要训练塑造的,不仅是适应具体社会分工的专门知识和专门技能,而且是包括超越这些知识和技能之上的一般性价值观念。这种观念是整个文化共同体的凝聚核心,是社会健康发展的基础。中国传统文化价值取向的教育,是培养学生的文化信仰,帮助学生建立人生信念,奠定学生的人生价值观念。这种教育是学生安身立命之本的教育。如今,随着时代的发展,人们开始回顾反思,终于认识到历史最悠久、生命力最强劲的中国传统文化有着优秀、美好的特质。

在台湾地区教育事务主管部门的重视下,台湾地区职业院校普遍设立通识教育中心,通过实施通识教育来促成学生的人文素养培育。台湾地区大、中、小学的通识教育都重视中华民族传统文化的教育。学校是培养和教育人的场所,将优秀传统文化的精髓融入办学理念,既含蓄隽永,又体现了办学的方向和人才培养的要求。但是传统文化并不是一门孤立的学科,它深深地渗透到人文、科技和社会生活之中。根据1984年台湾地区教育事务主管部门颁布的《大学通识教育选修科目实施要点》规定的通识教育科目范畴,各职业院校往往把通识教育分为几个学群或组别,名称不尽相同,覆盖领域非常广泛,实则大同小异。台湾地区高校通识教育课程有三种科目:系/部定一般科目(必修)、校定必修科目和校定选修科目。其中,系/部定一般科目(必修)、校定必修科目占通识教育课程科目的80%左右,校定选修科目占20%左右。选修的科目应该包括文学与艺术、历史与文化、社会与哲学、数学与逻辑、生命科学、应用与技术等,种类繁多,内容丰富,由此开启了中国传统文化进大学校园的大门。

　　台北科技大学的人文素养教育也由通识教育中心负责,明确五大教学目标:重建学生在人文、社会与自然学科方面的学识,奠定学习专业学科之潜力;锻炼学生语文表达、思辨与亲近艺文生活之能力;培养学生健全完美的人格及优质的人文素养;培养学生社会科学知识,奠定社会适应及服务、领导之能力;培育具备人文、社会与自然关怀的科技专业人才。在课程设置上,该校的通识课程分必修与选修两类。其中,必修的核心课程以培育学生基础人文与社会科学素养为目标,选修的博雅课程以培育学生博雅内涵为宗旨。在科目内容性质上,通识课程又可划分为人文、社会、自然3个学群,每个学群开设相应的课程,每学期所开的科目数量达60门以上,总学分至少为33学分(见图3-1)。课程设置以符合基础性(学术内涵)、多元性(跨领域)、统整性(内容连贯)为原则,并注重深度与广度、理论与实践的结合。常识性、工具性、休闲性课程,

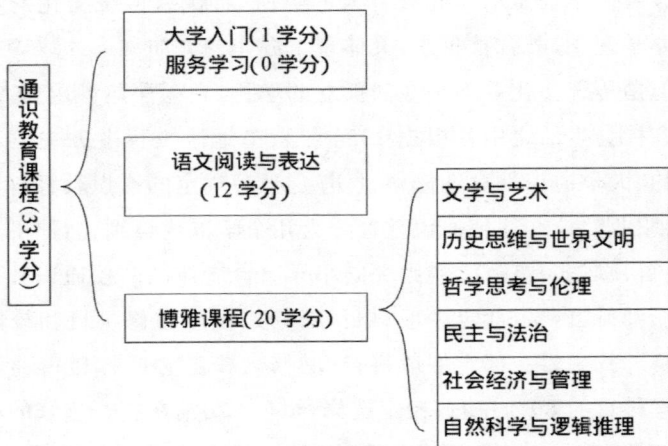

图 3-1　台北科技大学通识教育课程架构(2009 学年新生入学适用)

不属于通识课程开课范围。在博雅课程中,每个领域均开设 3 门以上的课程供学生选修,以专题演讲方式授课。在师资配备上,人文教育的主讲教师分专任与兼任两种,专任教师一般负责通识教育中的核心必修课程,如国文、经典与思想、中国史、微积分、人权与法律等。另外,还依据三大学群中不同专业领域的科目设置情况,聘请全校各系所的相关教师进行教学,如英文属于英文系负责,物理则属于光电系负责。

除了上述由学校通识中心规定和审定的正式课程外,台北科技大学通识中心还特别重视那些以学生自主活动为主导的非正式课程和潜在课程的组织与实施。通过组织实施非正式课程,在潜移默化中培育和提高了学生的人文素养。在一学年的两个学期中,通识中心组织主办各种主题的"通识月"活动,开展各种丰富多彩的校园文化项目,吸引学生主动参与。比如开展以"发现台湾之美"为主题的"通识月"课外活动等,亲身体验和感受传统文化给年青一代带来的不同凡响的印象。把源自中国传统文化的"诚、朴、精、勤"之校训作为办学的指导思想,把挖掘传统文化内涵作为培养目标,丰富校园文化生活。在举办展出作品方面,有布袋戏演出、台湾驿站风情海报与摄影展、现代诗创作展、校园生态摄影展;在开展演讲方面,有现代诗创作、棒球百年史、CD 的阿公——手摇留声机的音乐万花筒;在开展诗词朗诵和创作艺术竞赛方面,有"发现台湾之美"现代诗创作比赛、校园生态(动、植物)摄影比赛——台湾驿站风情海报比赛;在举办文艺表演方面,有为纪念母亲节而举办的"508 推动摇篮的手"活动。此外,每学年的寒暑假,通识教育中心还会举办"书香计划"读书活动,要求学生在假期必须研读两本指定课外读物,在下学期开学后上交读书报告,并针对所阅读的内容进行会考,计入正式成绩。通过正式课程与非正式课程的设计与实施,台北科技大学在实施人文教育过程中形成三大教学特色:通过鼓励与推广课外阅读提升学生语文能力并拓展知识广度;举办通识系列活动,开通校外之通识学习环境;营造艺术文学气息,增进学生人文内涵。

台南护理专科学校制定的科目中,一般科目有历史、地理、法律与生活、音乐、美术、生涯规划,校定一般必修科目有社会学、心理学,校定选修科目有台湾史地、小说名著选读、台湾文学欣赏、台湾闽南话、南台湾乡土文化、论孟选读、客家语言与文化、宗教学概论、中医概论等十余种。把源自中国传统文化的"诚正、博爱、勤慎、负责"之校训作为学校的办学方针,把培养高尚人文素质、具有国际视野的护理专业人才作为目标,在学习中弘扬中国传统文化美德,开阔学生的胸襟与视野,陶冶学生人文情操与爱岗敬业精神,培养热爱学习及善于分析问题解决问题的能力,促进人文、社会与科技之结合,发展健全人格教育,这些都是对优秀传统文化传承的具体表现。

大汉技术学院通识教育中心校定通识必修语文学群为经典阅读、语文表达与运用,此外,还特别强调"学生对社会政治的参与、对文化的理解、对历史的洞悉是很重要的"。在有限的学分配置下,该校通识博雅课程的主要课程是语言与文学,认为只有教导学生理解自己的存在价值,理解自己的文化传承,才能让学生省思;学生必须先建立对传统文学广阔的通识价值的认知,才能举一反三、借语文能力以吸收丰富之通识教育知识。目前,大汉技术学院通识教育传统文化课程有语文学群之文学与人生、进阶语文、语文与创意、应用中文,社会学群之历史与人物、社会与文化、职场道德与文化,艺术学群之电影与音乐、音乐剧欣赏、艺术与人生,这些均为全人教育奠定了坚实的基础。

慈济科技大学除了通过必修通识课程进行中国传统文化教育，还通过异彩纷呈的选修通识课程进一步弘扬中国传统文化。慈济科技大学为了增进学生对通识教育本质的认识，涵养学生的人文精神，特制定了《慈济科技大学通识博雅讲座实施要点》，聘请通识博雅领域具备卓越见解与成就的专家或学者到校举办专题演讲、座谈、展览或演出，并将通识博雅讲座作为通识教育的毕业门槛。此外，还安排学生参加各项通识学艺活动。学校每年举办"通识学艺竞赛（书法比赛、静思语说故事比赛）"和"博雅书籍"有奖征答活动，并举办通识优良作品成果展，每学期至少举行两次"国学深度探索系列"活动，引领学生在实践中加深对传统文化的认识和兴趣。还通过"通识月"活动让学生在活泼生动的活动中感受生活的魅力。通过"人文教育读书会""两岸青年交流座谈会"等加强关于人文教育经验的对外交流和分享。可见，台湾地区职业院校无论是在教育理念层面，还是在课程建构层面，都充分体现出对中国传统文化教育的重视，值得我们思考和借鉴。

总之，台湾地区职业院校实施人文教育的特点比较突出。在课程结构和教学内容上，主要有两个明显特点：一是基础知识扎实，二是知识面宽广。在机构设置上，主要是通过设立通识教育中心或类似单位并会同各专业院系共同组织实施。在教学理念上，紧密结合本校的校训和办学思路，不强求整齐划一，形成风格各异的人文特征。在课程设计上，呈现层次化，课程设置相对灵活，自主性较大，既有通识中心统一安排的必修课程，又有各系、所根据专业特点开设的选修课，科目丰富多样，课程体系完备。在教师配备上，呈现多轨化，既有专门的主讲教师，又聘请不同专业的教师。教师的知识背景相对宽厚，知识结构比较合理。此外，还比较重视学生课堂之外的人文教育，校园文化如网站建设都比较齐全，学生的校外集体活动比较多。

台湾地区大多数职业院校都开展了通识教育,既拓宽了学生的知识面,又确保在教学过程中加强德育教育,是值得大陆学习的。目前大陆大多数职业院校还没有实行学分制,人文选修课比较少,学生重视程度不高,特别是与台湾地区隔海相望的福建省职业教育更应该重视德育教育,提升职业院校的人文素养。

第三节 台湾地区职业院校传统文化教育的成功经验

职业教育的目的和功能不仅在于知识的传授、技能的培养,更在于道德的培育、价值观的树立和智慧的开发,即综合文化素养的提高。知识技能重在解决做事问题,文化素养重在解决做人问题。中国传统文化的基本精神就是教人如何做人,历来提倡受教育者要有"为天地立心,为生民立命,为往圣继绝学,为万世开太平"的伟大胸襟和崇高境界。

如何解决职业教育中知识技能传授和文化素养之间的关系,以文化自觉为基点,找到清晰的视野和大方向,这需要立足于中国文化的背景。台湾地区职业院校奉行"全人教育,止于至善"的教书育人理念,对学生所进行的中国传统文化教育方面的实践,可以给我们不少有益的启示。

一、以人为本,唤醒人的"主体性"意识

社会学家叶启政认为,21世纪台湾地区高等教育受到民主自由、生产形式、科学和科技的结合三股历史力量的影响,而形成科

技专业化、实用功利化的基本特征,致使整个高等教育过程中,人不再是主体,而是以市场导向、消费者需求为单一的考量因素,人不再是"完整的人"。随着台湾地区经济建设的发展和现代社会人文素质的缺失,大学逐渐开始转化为自主性的角色。台湾地区职业院校通识教育中的中国传统文化教育,正是重建受教育者主体性的教育,是以实现人的自由、全面发展为目标的教育。

例如,台湾中华技术学院的培养目标和教育理念是:以"止于至善"为最高原则,以"全人教育"为实施目标,重视人的"主体性"的塑造。每个人背后都有一种文化背景,这种文化背景投射到个人身上,就是一种思维习惯和价值取向,进而体现在日常的言行举止中。职业院校进行中国优秀传统文化教育的最终目标就是要形成一种能够体现人文关怀、尊重科学与民主、充满理性与自由之光的校园文化氛围,使浸润其中的人能够在不知不觉中完成思维习惯和价值取向的自然生成,真正达到"随风潜入夜,润物细无声"的教育效果。只有这样,我们才能从根本上避免职业教育功利化价值取向和工具性思维的桎梏,避免培养出工作"机器"、单纯的技能操作员这样的"半人",真正实现培养出具有"主体性"意识、有创造性的学生。

培养高职学生掌握一技之长,以满足社会生活之需求,是职业教育的重要目标,但不是本质目标。就职业教育目标而言,应该对学生进行基础核心能力培养,如逻辑思维能力的培养,审美品位的提升,与人沟通协调能力的培养,自然与可持续发展观念的树立等。就职业教育本质而言,通识教育中的中国传统文化的教育,其本质在于唤醒受教育者的"主体性"意识。社会成员必须具有自尊自重的人格,并与人所赖以生存的人文与自然环境建构互为"主体性"的关系。所谓"主体性"意识,即指受教育者的自我觉醒,这种觉醒相对于客观情境如政治、经济、社会、文化或自然世界而存在。只有唤醒作为个体的"人"的"主体性"意识,每个个体能自觉自我主宰,才可不受制于作为"主体"人以外的"客体"。这对于个体生命来说非同寻常,由有"主体"意识的人构成的整个社会整体才能不断超越不断进步,也才能实现社会整体的自我反省和自我调节。与"以人为本"这一科学发展观的思想向度一致,那就是人对自身生存方式与生存意义的不断自觉,对人生境遇意识的不断成熟与超越。以受教育者的独立人性、人格、人生为主要关怀对象,"以人为本"的人文主义可贵之处,在于主张人的理性并不从属于任何外在权威。"以人为本"的教育重视人性的光辉与价值,因为人性是人的一种特殊发展的潜能与天赋,以人性的圆融、人格的完美、人生的幸福为教育的终极关怀,以教育受教育者成为一个"完人""全人"为目的。

从魏晋文人主体意识的觉醒和追求,到明代李贽为代表的人性、人的主体性的张扬,中国传统文化中这一脉络的传承发扬还任重而道远。"主体性"意识中最核心的价值是独立的人格精神,在中国传统文化这条数千年奔流不息的大河之中,我们仍然不断地听到对人的"主体性"的呼唤,如《孟子·告子下》曰:"人皆可以为尧舜。"《孝经·圣治》云:"天地之性,人为贵。"《孝经》说天地万物之中,人是最宝贵的。这种独立的人格精神建立在"个体"发达的基础上,强调"自我"在人格中占主体地位。

中国传统文化经典教育所针对的就是受教育者人格主体的完善问题。但中国传统文化在培育独立人格精神方面往往不够,因而显得有所不足,如在人格教育塑造时,强调如何"做"一个人,这点当然很重要,但却忽略强调首先"是"一个人,这一点更为重要。因为这两个观念截然不同,"是"一个人就是要面对自己,必须以自己的本来面目出现在社会,在世俗关系中保持自己人格的完整性;而"做"一个人则表示怎样做一个适应世俗关系的人。

社会整体对个人的看法比个人对自己的看法更重要,这种角色追求的价值取向是外在的东西而不是内在的东西,如此"做"人,要学会"察言观色",对上级要看"脸色"行事,特别介意别人怎么说,怕"招人非议"等。由于"主体性"意识的弱化甚至被湮灭,独立的人格就很难形成,"忍"被看作"美德",逆来顺受,混淆了"宽容"和"忍"的界限,以致自己的权利被侵害也无动于衷。这种被压缩的人格甚至降低了对别人的利用、摆布和控制的敏感度。

教育的最终成果是完善人格,诚如德国哲学家费希特(Johann Fichte)所说:"教育必须培养人的自我决定能力,而不是去培养人们去适应传统的世界。教育不是首先着眼于实用性的,也不是首先去传授知识和技能的,而是要去唤醒学生的力量,培养他们的自我性、主动性、抽象的归纳力和理解力,以使他们能在目前还无法预料的未来局势中做出有意义的选择。"然而,当我们成功地把学生变成没有个体独立意识的活的机器后,我们的社会又将收获什么? 一个社会如果是由缺失"主体性"意识、没有完整独立人格的"个体"所组成的"群体",往往缺乏自我组织程序,以致成为一盘散沙。面临历史危急关头时,个体缺乏独立人格的主动性和"主体性"意识的自律精神,往往对社会、对群体产生负面的影响。因此,唤醒学生"主体性"意识,塑造健全的独立人格,这是时代发展的必然要求,已刻不容缓。通过学生"主体性"意识的觉醒,实现个体的"自我转化",培养学生具有高尚的情操、健全的人格、完善的道德,使学生充分发展个人潜能,能不断超越自我,提升自由自主精神,正如马克思所说的"自由自觉是人类的特征","每个人的自由发展是一切人自由发展的条件"。

二、注重培养学生的独立人格

目前,台湾地区高校通识教育的核心思想在于,培养具备独立人格精神的大学生。做出这一选择,是基于历史与现实两方面的考量。从历史层面分析,战后台湾地区经济得到了飞速发展,整个社会结构与思维方式发生了很大变化。20 世纪 80 年代后,台湾社会借助政治的开放,"本土意识"与"台独"思想日益抬头,社会文化与价值观念也趋于多元化。与此同时,随着改革开放日益深入,中国大陆经济飞速发展。台湾地区经济日益下滑,生存空间日益缩小,这也对台湾地区年青一代的思维方式产生了巨大影响。特别是进入 21 世纪以来,在"台独"与"统一"纷争呈现动态平衡条件下,台湾地区青年面临着诸多关于民族、国家、社会与个人未来的问题。

从现实层面分析,20 世纪台湾地区作为"亚洲四小龙"之一快速实现现代化后,教育现代化进程开始加快,高等教育迅速发展,人民受教育水平日益提高,这给台湾地区教育的重新定位及教育制度改革带来了新的契机。随着台湾地区现代化程度的加深,高度机械化与高度现代化以社会分工和知识分类精细为基础,这必然导致高校在培养人才上,过于强调市场导向与社会需求,忽视人文素质的培养与人格精神的培育,使人的思想在市场经济的运转中被工具化。

基于这两方面的考量,台湾地区教育界呼吁:大学不应使学生只成为有效的技术人员,而应使其成为完善的人。鉴于此,台湾地区教育事务主管部门于 1983 年颁布了《大学通识教育选修科目实施要点》,要求各大专院校必须实施通识教育。正是在这一社会大背景下,培养学生独立人格精神,成为台湾地区高校(含职业院校)

通识教育的主要责任。

三、建立胜任中国传统文化教育的师资队伍

台湾地区职业院校开设的中国传统文化选修课的课程结构和教学的重点，一是要求基础知识扎实，二是要求知识面宽广。教师在传受教育过程中，既做"经师"，又为"人师"，兼顾学生智慧与心灵的滋养，彻底发挥教师授业育人的作用。教师要崇尚中国传统文化的精神，严谨笃学。教师是知识的传播者和创造者，更要不断地用新的知识充实自己，只有学而不厌，才能诲而不倦。因此，一是要求教师在"传道"的同时，做"生活的典范"，身负中国传统文化传承重任的教师，除了专业知识方面外，在校园中合宜的穿着、行为举止等，都应成为学生耳濡目染的学习典范。二是要求教师在"授业"的同时，做"解惑的典范"，作为中国传统文化传承者的教师，不仅要深刻了解中国传统文化的丰富内涵和精神实质，还要不断吸取新的知识，跟上时代的脉动，才能真正胜任中国传统文化教学，成为被学生怀念的"好老师"。

一些职业院校的学生认为中国传统文化无用，而沉迷于网络，热衷于快餐文化和通俗文化。但这并不能全怪学生，因为在一定程度上，是教师对中国传统文化讲授得不好，没能引起学生的学习兴趣，没能调动学生的积极性。

百年大计，教育为本；教育大计，教师为本。从目前大陆职业院校从事中国传统文化教育的师资队伍来看，传统文化知识不够扎实，知识面不够宽，教书育人薄弱，授业解惑不精。因此，拥有一支文化知识功底扎实的教师队伍，是推广中国传统文化教育的重中之重，才能真正做到孟子所说的："贤者，以其昭昭，使人昭昭。"否则，就会出现"以其昏昏，使人昭昭"。借鉴台湾地区职业院校中

国传统文化教学的成功经验,可以看到再深奥的学问,只要有好的教师,都能讲得有声有色,通俗易懂。这就要求教师具有较高的专业学术水平,又要具有较广博的知识修养,同时还要具有较高的教学水平和运用不同知识分析问题、解决问题的能力。

　　为了解决目前职业院校中国传统文化教育师资队伍存在的教师基础知识不扎实、知识面偏窄、过于专业化、人文素养不高等问题,除了要加强中国传统文化课程师资的培训工作,建立有效的激励机制,丰富学校的学习资源,提高师资整体素质外,还可以从以下六个方面做进一步提升:一是授课教师要真正了解中国传统文化,要有高水平的教师来教授中国传统文化。二是授课教师要有较强的语言表达能力,善于深入浅出,要求教师既具有专业学术水平,又能通俗地讲解。三是授课教师要因材施教,要了解学生的接受水平,要让学生能听懂,培养学生的听课兴趣。四是学校和教师共同努力,多开设讲授中国传统文化的选修课,课程可侧重于原典的导读,打造一些中国传统文化教育的品牌课。五是多举办一些关于中国传统文化的讲座,多邀请一些校内外的专家学者,多角度多方位地为学生提供精神盛宴,从而开阔学生的视野,引导其读书的兴趣和方向。六是向学生推荐中国传统文化的好的书目,要了解中国传统文化,最好涉及经、史、子、集各方面,但学生也不可能全部阅读,所以可以向学生推荐有代表性的文献,如司马迁的《史记》,是反映先秦到西汉历史发展和文化思想最系统的一部书,是对中国文化源头的梳理,是一部中国文化的百科全书,并且具有很强的故事性和教育性,尤其是其中的"本纪""世家""列传"等篇章。

　　中国传统文化是保存中华民族先人创造的物质文明和精神文明的成就,并使继之而起的后人适应社会的一种既定存在形态。而教育一经产生,便具有传递生产知识经验和一定社会生活规范的职能。职业院校的教师承担着两项的历史使命：一是教书育人，授业解惑；二是接续文化，弘扬传统。因而，建立胜任中国传统文化教育的师资队伍就显得极其重要。

海峡两岸同是中华儿女，有着共同的历史文化渊源，台湾地区职业院校在人才培养过程中为传承弘扬中国传统文化所做出的积极有益的实践，无疑是大陆职业院校可以借鉴和研究的。因此，进一步加强两岸之间的交流、合作是十分必要的。

四、台湾地区通识教育特点

（一）通识教育课程设置

台湾地区高校通识教育课程设置的指导思想强调全方位的人格养成教育，即"全人教育"。希望通过高校通识教育与教学，引导学生了解生活的意义与生命的价值，使其身心健康发展，并为未来美好生活尽一份个人责任。在课程培养目标上，台湾地区高校通识教育旨在培养学生清晰有效的思维与表达能力，拓宽知识视野，增进对人文艺术、社会科学及自然科学的综合性认识与了解，提升对非专业领域的基本认知，最终形成完整健全的理想人格。在课程内容设置上，主要涉及四个方面：人文素质教育、可持续发展、社会生存技能、自然科学素养。在具体的课程设置与开发上，包括基础课程、核心课程、选修课程。基础课程内容包括语文、外文、运动与健康、劳作服务等；核心课程内容包括历史思维教育等；选修课程分为自然科学类、管理类、社会科学类等。这些课程的开设贯穿于高校教育的全过程。另外，各高校还开设有丰富多样的扩展课。在课外时间，通识教育还安排有通识教育讲座、通识教育讨论、通识教育活动等。随着网络信息技术的发展，通过网络举办通识教育讲座、设置课程专用网页，正成为台湾地区通识教育课程发展的新趋势。

　　无论是基础通识课程，还是核心通识课程、选修通识课程，中国传统文化教育都是其中不可或缺的内容。基础通识课程包括所有传统意义上的人文、数理、语言和社会等科目，还包括现代文明中的自然科学与社会科学的基本知识，如电脑、网络、生物技术等。其中，传统文化教育主要体现在语文应用类课程中。中文是海峡两岸通行的书写系统，是两岸同胞赖以听说读写的工具，它在教育上有着无可替代的重要地位。而中文的历史悠久，无论是文言文还是白话文，无论是古代典籍还是现代篇章，其中都累积了无数传统文化资源，而语文课程的教学必然会涉及诸多传统文化教育内容。几乎每所台湾地区职业院校在基础通识课程规划中都有语文课程，虽然课程名称各不相同，但其目的都在于培养学生用中文沟通与思考的能力。例如醒吾科技大学开设了"中文阅读与思维""中文阅读与写作"等，采用主题式教学，带领学生阅读中文名作，引导其正面思维和方向思考，反思前人的思想和观念，使学生扩展见识，理性思辨，反省自己，从而锻炼出更敏锐的文化觉知能力，抒写出属于自己的篇章，提升学生的表达能力。核心通识课程涵盖5个向度的内容，包括：(1)人文艺术。学习古典诗词小说及电影、戏剧、音乐、绘画等人文通识内容，培养学生的创意能力。(2)生命与性别教育。涵盖3个范畴：人生哲学、宗教与人生课程，心灵与自我成长、人文素养与生命关怀课程，以及杰出女性专题、性别话题课程。通过这些课程的学习，帮助学生建立健康的人生态度和性别平等观念。(3)社会法政。社会类课程设计的目的在于协助学生培养通达灵活的生活应变能力，适应瞬息万变的竞争环境。法政类课程则为帮助学生培养优良的法律素养。(4)历史思维。历史类课程的设计，主要培育学生类推或脉络化思辨能力，让学生学会独立思考,具有批判性与创造性阅读能力,能够多角度考虑问题。(5)自然科技。开设这类课程的目的是让学生具有自然科学素养,培养环保意识,了解科技发展的方向和影响。此外,还开设有通识人文科技讲座、书香计划、图说醒吾、醒吾柚子节等,形式丰富和内容多元的内容促进学生身心发展,开阔视野,强化国际接轨意识。选修通识课程包括内容丰富的博雅讲座、形式多样的实践活动和各具特色的校园文化等。例如醒吾科技大学每季度举办一次由全校学生参与的大型读书心得写作活动——书香计划,鼓励学生积极阅读优秀文学作品,抒写读书感悟,养成乐读书、读好书的习惯;每季度确立一个主题向全校学生征文,并将优秀作品编发印行为《生命写作系列文集》,以供学生互相交流学习;频繁举办教育阅读讨论——艺文沙龙和主题丰富多彩的人文素养讲座,让学生有机会聆听校内外教师学者对于文学、音乐、书法、影视、哲学、历史的独特看法,并当面与之交流心得;定期带领学生参与"人文技艺体验营"活动,让学生在动手实践中体会传统文化的魅力;重视校内外的交流合作,与台湾戏曲学院联合举办"进剧场,看戏趣"和"戏曲艺术巡回列车"系列活动,使学生在生动优美的活动中感受民族传统戏曲的艺术特色;实施壮游计划活动,辅助学生壮游、参访、跨文化学习,以拓展学生的视野,强化文化创新能力。醒吾科技大学通过形式多样、内涵丰富的选修通识课程对学生进行传统文化教育,学习过程兼顾学生的思维与操作、观念与实践、欣赏与创作,真正践行了以学生个人全面发展为本位的"全人化"教育理念。

　　台湾地区在基础教育中,十分强调弘扬以伦理道德思想为核心的中华文化,"仁义礼智信""温良恭俭让""修齐治平"为主导的中华传统伦理道德、思想观念深入人心。文化的深度往往就体现在日常生活的细微之处,台湾地区民众普遍注重礼节,待人彬彬有礼、热情周到,为人谦恭和气、诚实守信,一举手一投足都体现出长期中华文化滋养而形成的良好素养。在语文课文中,使用的文字60％以上都是文言文,不少是"四书"的内容,以《论语》《孟子》为主,《大学》《中庸》为辅。教师讲授时是把历史、地理、文化等知识综合起来,同时经常开展经典诵读等有意义的活动,注重人文素质的培养和精神的熏陶。

核心通识课程和选修通识课程虽然在数量上各有不同,但内容上都开设自然科技、社会历史、人文艺术、生命与性别等课程。除了自然科技外,其他几个领域的课程或多或少都会涉及中国传统文化教育。传统文化的课程有纯粹的中国传统文化课程和间接的中国传统文化课程,即与中国传统文化相关的课程。例如慈济科技大学开设了十几门涉及传统文化的核心通识和选修通识课程以供学生修习,其中纯粹的中国传统文化课程有中国古典小说选读、诗词鉴赏、《庄子》的寓言故事、台湾地区民俗文化、先住民藤编艺术、阿美人语言及文化、布依人语言及文化、太鲁阁人语言及文化;而间接的中国传统文化课程有社会与文化、艺术鉴赏、音乐欣赏、生死学概论、性别教育、中国历史、真善美花道静思花语和茶学世界等。这些课程覆盖面极广,既有对中华民族传统文化的介绍,又有对台湾地区当地文化的观照,内容涉及文学、艺术、哲学、历史和社会生活,以深入浅出、活泼生动、潜移默化的方式,开拓学生的美学视野,塑造其高雅气质和人文情怀;用古人的人生智慧熏陶学生的性灵,令其反省个人的生命价值和意义;使学生在历史和社会发展轨迹中,了解对错得失,吸取经验教训,培养批判性思维能力和勇于承担的社会责任感。

通识教育是比较独特的,目的是开拓学生的视野,弥补因学科设置而造成的知识空白。有的大学经常邀请著名学者、科学家为学生举办讲座,使学生能瞻仰大师的风范,接受最前沿的科学信息,融入知识的海洋之中。

专业教育,顾名思义,就是各个专业特设的学习内容。虽然在这一方面各大学的课程设置有所不同,但兼顾"专业与通识""理论与实务"已经成为台湾地区很多大学教学的共同目标。

为了配合社会的发展,许多大学都把社会科学的发展作为重点建设的方向之一,主要包括政治、经济、法律、社会和心理等五大基础学系,并辅助以大众传播、社会工作系等。所以,大专院校师资力量当中出现人文及社会科学的就业人数超过从事自然科学研究人数的现象。按照台湾地区大学的分类,许多科技大学及专科学校是以专门领域的教育和研究为中心,并不包括社会及人文类的学科内容。实际上,不仅一些专业性很强的科技院校也开设人文类课程甚至建立专门的人文类院系、应用社会学院等,包括外语、文法、经济、管理,甚至幼儿保育等,而且所有的高等教育机构都要求开设以知识和技能研究为主的综合类课程,其中最具特色的就是通识教育。

(二)教育与教学

华东师大终身教授叶澜曾说:要对教学的基础性问题有一个把握。目前是有点杂乱的"丰富",什么都在一个平面上呈现,恐怕还要梳理,要回到"教学是什么"这样一个根本的问题上去。叶澜特别不赞成用"学习"来代替"教学",也不赞成用"课程"来代替"教学"。

教师队伍建设,至少包括职前和职后。从职前来讲,应该有对教师职业的重新理解,即:怎么样才能成为一名合格的教师,从合格到优秀是要有一个过程的,不可能一开始都以优秀教师的标准去要求。首先是有一个底线,上限则是没有的,越往上越个性化。关键是对教师职业的理解,在这个基础上再来提教师怎么培养,队伍怎么建设。

现在职前培养的问题很多,师范大学里也有培养问题。真正把教师的培养当一回事的大学校长现在也不多,他们多操心的是大学排名在第几这一类的事。当然也有分管的副校长或教务长在抓教师职前培养问题,但从整体上看,最大的问题还是没有认真想明白应把教师培养成什么样的人。

1948年11月,南京国民政府正式任命傅斯年为台湾大学第四任校长。1949年1月,傅斯年在北方战事接近尾声、蒋介石也已经下野的时候走马上任。

傅斯年上任后,根据眼前的现实和心中的理想,在第一次校务会议上就旗帜鲜明地倡导通才教育。他说:"我们要在一年半之内,集中精力,改进本校各种通习科目,建设本校的教育制度,务使来校的学生,一进大门来,便得到第一流的教授教他们普通课。教课之需要实习者,得到充分的实习机会……以上所说的一般通习科目,包括在文学院的国文、英文、通史、逻辑;在理学院的数学、物理、化学、动植物、地质;在法学院的普通经济学、法学通论……"此外,他还表示台湾大学是一个学术机关,要搞好教育,就必须提高学术水平。

1949年10月,傅斯年在台湾大学第四次校庆时发表讲话。一开始他就坦率地说:"(我)起初也不知道这个校庆的日子是如何定的,后来才打听到这是民国三十四年接收前日本台北帝国大学的那一天。我当时就想,拿这个日子做校庆日,对吗?经过一番考虑,我的结论是:这个日子应该做我们的校庆日。"民国三十四年是1945年,也是日本投降、台湾回归祖国的一年。正因为如此,台湾大学也把它视为获得新生的一年。办大学的目的只能是寻求真理，如果不能把学校当作寻求真理的地方，不能把人格尊严置于首要地位，奴化教育就有可能继续。

傅斯年在任时期对台大的发展做出了卓越的贡献，台大的校训"敦品、励学、爱国、爱人"也是出自傅斯年。

一是"敦品"，即敦厚的品行。傅斯年认为，一个社会里品行好的人多，这个社会自然健全；品行好的人少就很危险。青年是下一个时代的领导人，他们的品行在下一个时代必然影响很大。在人与人相处的过程中，与其责备对方，不如责备自己，责备自己的第一件事是自己是不是守信。在政治上，立信是第一要义，在个人也是如此。说话不算话，必然不会有好结果。话到这里，他似有所指地说："这一个时代，真是邪说横流的时代，各种宣传每每以骗人为目的。在宣传者不过是想用宣传达到他的目的，但是若果一个人养成说瞎话的习惯，可就不得了。人与人之间，因为说瞎话不能放心；团体与团体之间，因为说瞎话不能放心，社会上这个风气如果厉害了，社会就不上轨道。"这就是说，要想寻求真理，就不能说一句瞎话。如果大学生也养成说瞎话的习惯，科学发明与学术研究就可能造假，整个社会就会丧失诚信。所以他认为，立信不仅是做人、做学问的基点，也是组织社会、组织国家的根本。

二是"励学"，就是勤奋地学习。傅斯年对自己的学生说："在我这样年龄，一年就是一年；在诸位这样年龄，一年有十年之用。"之所以这样说，是因为他觉得几年的大学生活，对于学生的一辈子特别重要，因此万万不可松懈。他还说："这些年来，大学里最坏的风气，是把拿到大学毕业证书当作第一件重要的事，其实在大学里得到学问乃是最重要的事，得到证书乃是很次要的事。"这些话对于如今的大学生来说也很重要。

三是"爱国"。傅斯年指出:"现在世界上的民族中,没有一个文化像我们这样久远而中间不断的,埃及比我们的文明古,但现在的埃及和古代的埃及并不是一个民族。印度的文明同时发达,但印度经过很多民族和文化的变化。现在世界上一脉相承的文明古国,只有中国了。"因此,大家千万不要辜负"我们这个文明先觉者的地位"。

四是"爱人"。傅斯年认为仅仅爱国很容易流于空谈,因此还应该爱人。他引用"无恻隐之心,非人也"的古训,要求大家克服自私自利的心理,立志"走上爱人的大路"。

可见,不要总以为只要刻苦学习就是好学生,对于学生来说,最重要的是人格和品德,这大概就是台大的校训所要传达的精神吧。

(三)台湾地区职业院校通识课程特征

台湾地区职业院校通过中国传统文化课程的教学,以期提高学生的综合素质,唤醒学生的"主体"意识,如语言文学、艺术教学可以提升学生文学、艺术欣赏水平;通史教学可以启发学生对人类社会历史、文化价值的反思和批判;传统美德的教育可以增强学生的历史和社会责任感,帮助学生树立正确的道德价值观,理清个体和群体间的辩证关系等。虽然不同的院校对通识课程的设置有所偏重,但基本考虑都是通过本课程开拓学生的知识,使其更加接近社会,善于发挥独立的创造性和应变能力。下面介绍部分学校的通识教育及其他特色课程,也可以从中看出各个学校的侧重目标。

1.台湾中华技术学院

(1)通识课程特征

台湾地区职业院校在实施中国传统文化教育过程中,加强通识教育中的中国传统文化教育课程的设置,如台湾中华技术学院通识教育课程十学分,其中核心课程"中华人文"二学分,另外一般课程八学分,分为四个领域:文学艺术、生活健康、本土与国际、科技趋势(如表 3-1)。

表 3-1　台湾中华技术学院通识课程分类表

核心课程	一般课程			
	文学艺术	生活健康	本土与国际	科技趋势
中华人文	中国现代短篇小说选读 中国寓言故事 当代小说选读 小说与人生 寓言故事与生活智能 《易经》入门 《易经》与人生 经典导读 阅读与写作 文化瑰宝在中华 陶瓷艺术欣赏	生涯规划 法律与生活 看电影学法律 民主政治与选举 人际关系与沟通 压力调适与情绪管理 人格发展 现代生活的心理调适 食品与营养 国际调理学 现代人的健康与管理	两岸经贸议题 少数民族的社会与文化 蒙藏社会文化巡礼 自然保育 台湾地区民俗谚语探源 台湾地区环境变迁 法国文化导览 日本文化导览 俄罗斯文化导览 欧盟与两岸关系	全球化与社会变迁 全球变迁与气候 纳米概论 纳米科技 思考与创新 新产品开发 未来科技发展 生物科技与人类发展 生命科学概论

来源:杨礼义.台湾技术学院实施人文暨通识教育成效之个案研究[A]//2006 海峡两岸高等技术与职业教育学术研讨会论文集 下册.上海,2006:423.

从表 3-1 中所列课程,可以看出除核心课程"中华人文"外,从其他如"文学艺术"类中的"中国寓言故事""《易经》与人生""经典导读""文化瑰宝在中华""陶瓷艺术欣赏"等课程,"生活健康"类中的"人际关系与沟通""人格发展"等课程,"本土与国际"类中的"少数民族的社会与文化""蒙藏社会文化巡礼""台湾地区民俗谚语探源""台湾地区环境变迁"等课程,乃至"科技趋势"类中的"生命科学概论"等课程,也都可以寻找到中华民族几千年不绝的文脉,感受到中国传统文化深邃而丰厚的内涵。

历史文化的传承不是简单符号的传承，它是一个民族生存发展的血脉所在。要对学生进行中国传统文化教育离不开好的传统文化教材，这就需要我们深刻了解中国传统文化教育的根本理念与方向，教育者必须回到"以人为本"，全力提升"人文精神"，以此为价值取向编写出好的中国传统文化教育教材。要让学生能读到真正的好书，这些传统文化教材应选录一定数量的经、史、子、集原典。借鉴台湾地区职业院校中国传统文化教育的成功经验，我们可以组织相关专家针对高职学生的接受能力，编写难度和数量适当的中国传统文化教材。要注意教材内容的深入浅出，活泼易懂，除选编传统熟知的经典之外，还要扩大选编的文献范围，达到潜移默化的教育、陶冶作用，努力培养创新型、实用型人才。

（2）校训与通识课程中传统文化的关系

台湾中华技术学院以"诚、正、法、新"为校训，其中的"诚"就是"诚信"，而"信"正是中国传统道德的重要基础。其旨在为社会培育科技专业与人文素质并重的技术人才。该校于2000年成立通识教育中心，即按"全人教育，止于至善"之目标规划，设置通识课程，加强中国传统文化教育。"止于至善"出自《礼记·大学》，古人认为《大学》是学习道德的入门之文。其"全人教育，止于至善"的目标，就是要把学生培养至有中国传统美德和较全面知识能力的至善境界。

2.台湾科技大学

（1）通识课程特征

台湾科技大学通识课程分为人文、社会科学、自然科学三大类。所开课程内容广泛，涵盖科技与人文，重视职业伦理道德教育。

表 3-2　台湾科技大学人文类课程

序号	课程名称	序号	课程名称
1	文学与人生	7	西洋文学名著选读
2	艺术赏析	8	闽南话
3	哲学与人生	9	研究导论
4	台湾地区民俗与文化	10	台湾地区历史与文化
5	逻辑思考概论	11	《圣经》与文学
6	中国文学名著选读	12	台湾地区社会变迁

来源:杨礼义,翁上锦.台湾技术校院实施人文通识教育成效之个案研究[A]//2006海峡两岸高等技术与职业教育学术研讨会.上海,2006.

强调中国传统文化教育的目的在于学习如何生活、充实人生、发挥生命价值,而非仅仅只在专业领域受教育。中国传统文化精髓包含生活态度、人生观念、人格修养。台湾科技大学"文学与人生""哲学与人生""中国文学名著选读""台湾地区历史与文化"等课程都使学生深受中国传统文化的熏陶。如《荀子·性恶》中说"人之性恶,其善者伪也"[①],荀子认为人都有趋吉好利、避害憎恶之心,也都有好声色之欲。如果顺着人的这些自然情欲去发展而不加以节制的话,就会产生争夺、淫乱等犯法乱理的行为;只有接受礼义的教化、道德的导正,人才能有正常、合乎逻辑的行为表现。这只能通过知识的积累,知与行两者合一,通过人后天的努力才能实现。这也就是人为何要受教育的原因。因此,中国传统文化教育必须落实到学生生活实践中,以人文气息涵养之,即要通过不断学习与修持,以历史文化、经典智慧、道德传统的累积,走向修齐治平的理想境地。

---

① 王先谦.荀子集解[M].第2册.上海:上海书店出版社,1986:289.

职业院校是培养完整独立人格、技能型高素质人才的地方,对职业院校的学生来说,可能觉得对中国传统文化的学习在今后的就业中用不上,实际上这对于塑造学生完整的独立人格,提高学生的素质,提高学生的判断力、选择力,培养学生为人处世的能力,都将起到无形的作用。汉代的王充在《论衡》中提出:"知古不知今,谓之陆沉;知今不知古,谓之盲瞽。"中国传统文化中的精髓,如儒家倡导的仁义礼信、修己安人、正心修身,道家提倡的顺乎自然、返璞归真、淡泊超脱,法家主张的锐意进取、以法治国、定分止争等,能帮助职业院校毕业生养成健康强大的内心世界,使之更好地去面对生活、面对社会。教书育人决不能功利性太强,不是说受了中国传统文化教育,毕业时就能好就业,而要认识到它是一种潜移默化的影响,通过熏染、陶冶,久而久之对个人能力和情操产生好的影响。中国传统文化课程的合理设置,教材有针对性的科学编选,对职业院校学生的完整独立人格塑造和个人修身养性至关重要,而且对于提高中国文化软实力,重建中华民族核心价值观,延续中华民族文化根脉,提高全民族文化的认同感具有重要的现实意义和历史意义。

(2)校训与通识课程中传统文化的关系

台湾科技大学的校训在 1976 年时是"精诚"两个字,后来改为"诚、朴、精、勤"四个字。诚:存诚去伪,修己善群;朴:纯洁高尚,谦敬节俭;精:钻研术业,精益求精;勤:淬砺奋发,努力不懈。该校在教育教学中始终贯彻企业精神,特别强调"结合科技人文,培植实务人才"。《天下杂志》曾经对 14 家大企业进行过 4 次"企业心目中热门学校"问卷调查:(1)专业能力最强的是哪所学校?台北科技大学为第三名,其中制造业专业学生能力为第二名;(2)工作态度敬业精神最佳的是哪所学校?台北科技大学为第二名;(3)工作稳定度最高的是哪所学校？台北科技大学为第一名；(4)团队合作最佳的是哪所学校？台北科技大学为第一名。

可见，该校为工厂、企业培养了大批不同层次的技术型、技艺型、实践能力强的人才以及熟练的技术工人，对提高就业人员的整体素质，对推动经济和社会发展起了很大的作用。

3.树德科技大学

(1)通识课程特征

树德科技大学通识课程①分为核心通识、技能通识、情意通识、生活通识四大块。通识课程指出：学生除了必须具备所从事专业的知识外，还要培养广博的思考、表达、交际能力。因此，校方鼓励学生参与社会活动，创造有人文内容的思索，宣传社会道德和传统文化知识等，并将通识课程分成四个层面八个模组（课外活动小组）：

①核心通识课程，开设创造性思考和解决问题两门课，力图解决生活和开发性研究的问题；

②技能通识课程，包括语文技能与电脑技能，从古典文学赏析到中文写作技巧；

③情意通识课程，有文、史、哲、法、艺术等各门内容，涵盖领域非常多样化；

④生活通识课程，主要有乡土学习、社区服务、教学服务等，培养学生的团队精神、人际关系、实际生活体验等。

此外，八个课外活动小组为英文组、中文组、知性组（现代社会的多元化、人性化，培养德才兼备人才）、艺术组、法政组（民主法制、国际法等）、自然科学组、体育组和军护组（军训科目、护理知

---

① 郑金贵.台湾高等教育[M].厦门：厦门大学出版社，2008：118-119.

识）。希望通过这样精心安排的学习内容，教育和培养出全面发展的人才、德才兼备的人才、国际性人才和具有应变、挑战能力的人才。

（2）校训与通识课程中传统文化的关系

树德科技大学秉持着"学术、知性、快乐、希望"的校训，以多元、整合、开放、自主、自律的经营理念，营造自主开放的学习环境，建立互重自律的校园生活，以培养兼具人文与科技、组织领导与问题解决能力的专业人才，落实理论与实务之平衡发展。校训中深含的中国传统文化的意蕴，是中华民族两千年来的文化传统和价值取向，这种传统文化价值取向的教化，使学生一生受益匪浅。"树德科技大学"的校名也深深蕴含着中国传统文化的元素。"树德"，即"施行德政，立德树人"，就是要以中国传统美德对学生进行品格教育，以中国传统文化塑造人文素养为中心，以专业技术能力、服务态度为半径，为学生的职业生涯规划出一个美丽的圆形。此外，该校的必修课程还有"科技与实践""沟通与表达""艺术与创作"等，围绕"厂商进驻校园""弹性选课自主""多元实务应用"等办学理念，搭建文化平台，制定"学以致用，学习快乐，就业达人"的目标，拓宽选修课程领域知识，落实"全人教育"，为学有余力的学生提供更多的知识空间，为毕业生的就职提供更有效的平台。

综上，台湾地区通识教育在人文教育的理念上，不同院校（尤其是民办职业院校）除了必须进行的共同核心价值观、人生观教育之外，还结合各校不同的办学思路，如校训、校歌等，打造出与众不同的人文教育风格，在共性中突出个性差异，全校师生以校训为宗旨，形成人文素养教育模式以及独特的校风、教风和学风，塑造出具有本校特质的职业人文气息。在人文教育的师资建设上，有专门的具备深厚人文功底的主讲教师，专业院系的专业课教师在课程讲授过程中也需要配合人文素质的教学。专业课教师"小班授课"，与学生接触机会多，时间长，因此其人文素养的教学效果可能更好。专业课教师在进行职业技能训练时，可通过对仪器设备的操作和运用，锻炼学生的团队协作精神、钻研创新精神以及节约、谦让等方面的道德修养，把传艺与传道结合在一起。

在人文课程的设置上，科目比较丰富和系统，内容在注重实用性的同时，也注意对人文知识的承载。可考虑增设职业伦理与道德课程，各院系也应针对不同专业开设相应行业的职业道德教育课程，甚至应该成为必修课程，还要重视非正式课程及潜在课程的学习。如学校环境的设计和规划、教学方法的改进、学生社团组织的完善等，校园文化在突出宣传性、文娱性的同时，可适当增加沉静、严肃的人文元素。

在人文教育实施效果的评鉴上，可学习和引入自然科学领域的计量方法和模型，突出科学性。台湾地区职业院校在推行学校行政教育管理方面普遍引入了国际化的 ISO9000 质量保证体系，为应对越来越精密化、标准化的教育评价，有学者探索出了一套针对职业院校实施人文教育效果评估的方法，主要是采用改良导向评鉴模式（CIPP 评鉴模式）对人文教育的效果进行实证研究。如杨礼义用个案研究法的形式，采取问卷调查的办法，以台湾中华技术学院通识课程教师以及台湾科技大学、树德科技大学大学部三、四年级全体学生为研究对象，研究人文教育实施的效果。在资料整理与统计方面，主要以 SPSS 10.0 for Windows 统计套装软件为分析工具；在数据分析方面，则借用了很多数学模型和统计工具，包括独立样本试验（t-test）、单因子变异数分析（one-way ANOVA）和谢费多重比较法（Scheffé multiple comparisons）。这些关于人文教育的评鉴方法都可以直接借鉴和学习。

（四）重视双师型教师培养

1.培养目标定位明确

以高雄第一科技大学为例,其培养目标主要是立足于地方需求,培养应用型人才。其办学理念是:"落实务实教学,推动产学交流,加强科技整合,适应产业升级;重视通识人文,培养国际宏观,扩大推广教育,畅通进修渠道;结合地方特色,促进地区发展。"

2.具备教学和实践能力的双师型教师

台湾地区高职院校的教师是从岛内外招聘而来,条件为"必须有5年的教学经验和4年的'产业年资'(实践工作),必须是'学验俱丰'",即教学和实践经验都很丰富。他们认为,只要教师具有优异的教学经验与产业背景,就能实现办学的"创新与实务导向"的结合。如高雄第一科技大学的校长谷家恒先生曾经在新竹工业研究院担任过多年的副院长,该校副校长也曾在台湾地区交通事务主管部门工作过,学校的每位教师都有实践经验,其中有高级工程师、公司经理、新闻记者、科研人员等,全都获得硕士及硕士以上学位。

3.教学面向社会,注重实践能力培养

台湾地区的高职在课程设置和教学内容上也很注重开设实务方面的课程,把社会实践和未来工作紧密结合起来。台湾地区高职的教学特点是注重对学生实践能力的培养,实习、实验、实践通常占总学分的30%,有的专业甚至更多。具体而言就是五个"重":

①重实习。学生从一年级到三年级,一般每周都有一项实习,而且是每人一组。

②重活用。把学到的知识应用到实际中去。

③重启发。教学中启发学生思考问题,解答问题不是由教师

提供现成答案。

④重人文素养。加强人文素养教育,培养健全的人格。

⑤重外文。每个学生精通一门外语。

4.构建校企合作人才培养模式

台湾致远管理学院朱文雄校长在 2007 年首届海峡两岸职业学校校长论坛上,就构建校企合作教育人才培养模式做了精彩的交流:校企合作教育是实现高等职业教育人才培养模式的有效手段。高等职业教育被发达国家称作经济腾飞的秘密武器,其高等职业教育的成功经验之一就是走校企合作教育的办学之路。校企合作教育在国际上称"合作教育",是指学校与用人单位共同合作,培养具有全面素质人才的教育模式。高等职业技术教育只有通过学校与用人单位紧密合作,共同培养人才,才能够达到培养为生产、管理、建设、服务第一线所需要的德、智、体、群、美全面发展的高等技术应用性专门人才的办学目的,才能真正达到学校与社会用人部门相结合,师生与实际劳动者相结合,理论与实践相结合的人才培养途径。

(1)校企合作教育的主要目标

一是通过实践使学生所学的理论知识得以巩固;二是通过实践使学生各方面的能力得到锻炼;三是通过实际的工作实践,使学生的专业素质获得全面提高。

(2)校企合作教育的组织机构

在校企合作教育过程中,首先从组织机构入手,根据每个专业的不同特点,分别聘请行业专家、企业领导与学校教师共同组建"专业教学指导委员会"。其职责是明确专业人才的培养目标,确定专业教学计划的方案,提供市场人才需求信息,协助学校确立校外实习、实训基地。其最突出的作用就是确定以社会岗位群对人才的需求为导向,以知识、能力、素质结构为依据的专业人才培养方案。例如,餐旅管理系在建系之初基本套用该专业专科的教学计划,没有反映出社会岗位群对人才需求的特点。专业教学指导委员会在关于专业人才培养方案的讨论会上,首先就提出了教学设计方案中人才培养定位不清、教学计划针对性不强等缺点,经过行业专家和学校教师的共同努力,最终按照社会岗位确定了人才培养目标和教学计划,形成了具有高教特征的教学设计方案。

(3)校企合作教育的教学运行机制

校企合作教育的核心是教学运行机制。其采取了学习、实践、再学习、再实践的教学模式,也被称作"三明治"教学模式。具体而言,就是学生的校外实践教学不是仅限于毕业前的一个学期,而是与企业共同设计学生实践教学内容,多次进行校外实践教学,达到校企合作教育实践教学的目的。通过几次学生实习使我们认识到,高等职业教育的实践教学不是一种简单理论教学与实际结合,而是培养学生形成岗位特色要求的知识—能力—素质结构的一种教育过程;而这种知识—能力—素质结构的培养只有通过学校与用人单位联合设计,共同培养,才能达到预期效果。在学习中,学生学习的目的更加明确,学习的动力也更足,能够提前进入角色,为走向工作岗位提前做好心理准备、知识准备和能力准备。要实现这种教学模式,就要求教学计划和教学体制与之相适应。通过几年来的教学实践认识到,推行学分制是实现校企合作教育的有效途径。

(4)校企合作教育必须做好的三个环节

①学生的实践环节

学生参加校外实践活动,不仅是为了使所学知识与实践相结合,而且也使自身能力素质得以提高,比如职业道德的建立,协作精神的培养,意志力的锻炼,对工作环境的了解,人际交往能力、心理承受能力的提高等。要使学生在实习过程中达到预期目的就要做到以下几点:

要有明确的实践教学计划。针对不同岗位、不同阶段,确立明确的实习内容。实习计划不仅要有知识体系的内容,还要有能力培养的要求和素质提高的标准。在企业实习过程中,根据不同年级、不同实习阶段,确定不同的实习计划,形成较完善的实践教学体系。

加强学生的实习管理。学生实习期间,不便于集中管理,容易放任自流,达不到预期效果,因此学校必须和实习单位共同建立一整套学生实习管理办法,加强对学生在实习期间的管理。例如,学生在企业顶岗实习期间,必须遵守企业员工的管理制度;学校定期和实习单位交换意见,鉴定学生的实习情况。对于实习期间表现突出的学生,由学校和企业共同进行表彰,同时对于违纪学生给予相应处分。

注重学生每一阶段的实习总结,使学生通过实习总结得到再一次升华。学生实习结束后,学校都要通过座谈会、实习报告的形式认真进行总结,使学生完成"理论—实践—理论"的过程。一些学生通过实习总结,把自己在实践中发现的问题以及一些好的想法和建议反馈给实习单位,得到了实习单位的好评。

②要建立校企合作的教学体系

聘请企业专家参与校内教学,使校内、校外结合为完整的合作教育体系。既可以请行业专家走上大学讲台,也可以采取多种灵活方式进行。例如,邀请一些企业专家到学校对学生进行专业讲座和新生入学的专业教育,定期邀请社会知名人士为学生做学术报告,还可以聘请一些来自生产第一线的技术骨干直接参与课程教学。

③建立校企合作教育的信息反馈系统

校内教学要根据用人单位对人才需求的变化不断进行调整，建立一个由学生、实习单位培训指导人员、校内实习指导教师组成的信息反馈系统，随时调整教学内容。

校企合作教育取得了较好的效果，主要表现在：

建立稳定的校外实习基地。学校作为教学型大学注重基础理论研究，因此建立稳固的校外实习基地，对学校和企业而言都是有利的，企业愿意并主动帮助学校建立实习基地。

积极调整专业设置。通过校企合作教育，学校对社会人才需求的信息掌握得更加准确，可以根据市场人才需求的变化，不断地调整专业设置。同时，根据台湾地区经济发展的需要增设热门科系。

有利于专业教学改革。专业教学设计方案是否符合社会岗位对人才规格的要求，校企合作教育是最为直接的检验手段。通过校企合作教育实践的信息反馈，不断发现教学计划和教学内容的不足和缺点，不断进行专业教学改革，修订并完善教学计划，改变教学内容和教学方法。

拓宽学生就业渠道。大学生就业率已成为衡量高校办校质量的重要标准。学校通过走校企合作教育的办学之路，在毕业生就业方面发挥出应有的作用。几年来，学校通过校企合作教育，调整专业设置，深化教育改革，使得专业人才的培养更加适应市场对人才的要求。

校企合作成功与否的关键，在于这些大专院校教师的态度。教师要有意愿走进企业界，让自己的研究专长有进一步发挥的空间，校企合作才能有好的开始。以往大专院校教师多只愿在实验室中研究理论,其发现及所得也只能贡献在学术领域,校企合作就是把教师的学问带到企业界,把他们的热情再度引发出来。

在"务实致用"的校企合作目标下,将学术界的资源成果引进企业,加速构建个人与企业核心竞争力,为企业创造机会与竞争力。通过与企业界的校企合作,大学既可支持产业技术的提升,又可从中获取回馈金,改善教学研究环境。台湾致远管理学院1995学年度与企业进行校企合作的收入就达630万新台币,1993—1996学年度共获1600万新台币核准金额。由此可见,校企合作的加值成效为大学不可或缺的,并且也为学生争取就业机会,缔造校、企双赢的局面。校企合作无论在实务经验还是就业上,皆可让学生们把课堂上的知识与创意变成真实的创业机会,有莫大之帮助。

随着新经济时代的来临,国际竞争也越来越激烈,企业要面对的竞争是全球化的,人才是企业重要的资产,所以人才培养是个关键因素,创新的动力、知识的学习主要来自学校,企业应与高教体系共同携手,进行校企合作,让实务经验搭配学术理论,建立符合企业需求的大专院校专业人才培养体制,成为新经济时代企业发展的动力引擎。我们必须承认,国家竞争力来自于人才的培养是否扎实、深入和稳定,特别在高等教育阶段,让学生毕业时就能拥有"终身学习的能力与动力",就等于给他们一个终身挖掘不尽的宝藏。面对环境与时代快速的变迁,学校必须打破以往的惯性,以全新的思维来转型,把学校视为开发创造业,但与一般创造业不同的是,学校开发创造出来的产品是人才,人才将是企业能否发展的关键;学习新的知识与管理技巧,提升其竞争力,也是学校创造附加价值的重要指针。因此,要以"取之科技,用之学习"为导向,以有助于企业发展为目标,以辅助教师教学的教育为出发点,结合学校、个人、企业就业市场,并采取多元营销策略,输出整体解决方案,将产品推展至国内外。

　　大专院校除了能提供技术之外,本身还是一个巨大的人才库,对于人才培养及人才招募更可以助一臂之力,只要企业有需要,都可以找当地或相关领域的大专院校帮忙。相信只要找到技术、找到有能力的人才,定能让学校与企业永续经营,这是双赢互惠的合作模式,更能将产业推向更高的境界。

第四章　台湾地区高职院校的评鉴体系

第一节　台湾地区高职院校的评鉴方法及借鉴

2004 年 7 月 1 日至 2005 年 9 月 30 日,台湾地区进行了全面性的"大学校务评鉴规划与实施计划"。"先导计划"和"大学校务评鉴"对各院校的通识教育实施现状进行评估。历时 15 个月,评鉴 76 所公立和私立大学,其中包括一般大学院校 47 所、师范院校 10 所、体育学院 3 所、艺术大学院校 3 所、医科大学 7 所、军事院校及警察大学 6 所。专科和职业院校没有列入评鉴的范围。①

一、2004 年的评鉴方法

(一)评鉴的承办单位

2004 年度大学评鉴是台湾地区高等教育史上规模最大的一次评鉴,名义上由台湾地区教育事务主管部门高教司主办,但是实际的执行单位是 2003 年刚成立的一家民间机构——社团法人台

---

① 　郑金贵.台湾高等教育[M].厦门:厦门大学出版社,2008:125.

湾评鉴协会。评鉴期间,为了评鉴操作和学校填报评鉴资料的顺利进行,评鉴协会分别在台北、台中和高雄三地,举办学校说明会,对评鉴的目的、评鉴的整体架构、评鉴的作业程序和评鉴表格的填报等相关事宜逐一进行详细介绍。

(二)评鉴工作的流程

台湾地区的大学评鉴分为连续的三个阶段,各阶段的工作流程如下。

前期规划阶段:成立评鉴指导委员会——拟订评鉴项目与指标——受理学校归类——召开评鉴说明会——学校填写评鉴资料表;

实地评鉴实施阶段:举办评鉴委员会讲习会——进行各校学生、教师及行政人员问卷调查——实地评鉴考察;

形成报告阶段:评鉴报告经汇整并送至各学校受理——学校申复及提出改进计划——召开申复检查会议——召开检讨会——网上公布各校评鉴报告。

台湾地区在实施评鉴体系的过程中重视申复、申诉,认真履行职责,有错必改,这一点值得我们学习。

(三)评鉴的组织架构

由 22 名资深人士组成的评鉴指导委员会负责制订这次评鉴的总规划、对评鉴进行全程指导、审查评鉴报告、推荐和聘任评鉴委员会的专家。

评鉴委员会相当于大陆的评鉴专家委员会,负责审查受评学校相关评鉴资料、进行实地考察、撰写评鉴报告。

台湾地区 2004 年度的评鉴属于综合性评鉴,因此具体操作时分成"校务"和"专业"两大块,根据兼顾实务与研究经验的遴选原则,聘请的 360 余位评鉴委员会专家由校务方面专家和专业方面专家两部分组成。校务方面专家的遴选条件是大学现任和已卸任的正、副校长、教务长、学务长以及对高教行政具有研究或时间经验的资深教授;而专业方面专家的遴选条件则再扩大到院系或研究所的主管和有学术成就的资深教师。以上人员组成大学评鉴委员会的专家库。在台湾地区很难找到有声望而与受评的 76 所大学完全没有关系的专家,为防止发生"既当球员又当裁判"现象,规定凡评鉴到与专家有关的学校,专家要严格执行回避制度。

(四)评鉴分为九大类学校和六大类专业

这次大学评鉴把 76 所大学按性质分为公立一、公立二、私立一、私立二、私立三、师范、艺术、医学、军警等九大校务类组。考虑到大学专业领域宽泛,不同专业门类又有各自的特殊性,把相近的专业门类整理合并为"六大专业组"——人文艺术与运动类、社会科学类、自然科学类、工程类、医药卫生类、农学类。对院系归属比较模糊的一些学校,则允许自行选择,依照专业类组的要求,对本校各院系所归属的专业类组进行确认,确认归属一经受理,学校就必须按每个专业类组的要求填报相应评鉴资料表格,并接受相应类组评鉴专家的实地考察。

(五)评鉴前期统一进行填表和问卷工作

评鉴前期有两项重要工作。一项是受评学校在规定时间同步填报评鉴资料表。评鉴资料表分定性资料和定量资料两部分,这些资料都用书面和电子文本两种形式限时上交台湾评鉴协会,与此同时相关资料要在各校的网站上公布,接受全社会的监督。相关佐证资料留存学校,以供评鉴专家在实地评鉴考察时查阅。还有一项工作需要在规定时间内同步完成,即台湾评鉴协会派员前往各受评学校进行问卷调查,比如 2004 年度的大学评鉴共抽访受评学校的学生 9900 人、教师和行政人员各 2340 人。这些样本将作为了解各校办学现状与学生学习成效的重要参考。

(六)校务评鉴的指标体系

2004 年度的评鉴指标体系比较重视专业学科的差异性,程序严格,定性和定量并重。评鉴指标分校务和专业两部分,以校务为主,专业为辅,每个部分又分别拟订有定性指标和定量指标。校务类评鉴有办学特色、教学资源、国际化程度、成人教育、学生工作、通识教育、行政支持等 7 个一级指标、17 个定性二级指标、78 个定性观察内容。专业类评鉴有师资、教学、科研 3 个一级指标、6 个定性二级指标、50 个定性观察内容。

(七)实地评鉴考察

专家到每所学校的实地评鉴考察安排两天,第一天是专业类组的实地评鉴,每一专业类组出动 5～7 位专家,同时就学校各专业的师资、教学及科研等项目分组进行查证和评价;第二天是校务类组的实地评鉴,对公立大学出动 7～9 位校务类组的专家,私立大学由于同时要对学校中程发展规划进行评鉴,出动校务类组专家多达 15～17 位。校务类组评鉴是整合前一天各专业类组评鉴的结果,就学校校务方面的各个项目进行查证和评价。

《评鉴手册》对两天的实地评鉴考察有统一的工作程序表,对工作项目、时间起讫(精度为 10 分钟)、主持者和参与人员、注意事项等有非常详尽的规定,有很强的操作性。

(八)评鉴结论的反馈与公布

实地考察一结束,评鉴专家就撰写报告的初稿并送达受评学校,学校若有异议可以向台湾评鉴协会提出申请复查的要求。

评鉴结束时,将根据定性指标、定量指标、问卷调查和实地考察的结果综合考虑,对各校的评鉴一级指标都将分别评出等级,评等在同类性质的学校中进行,为鼓励大学办出特色,避免单一化,不进行排名化的综合评比等。

（九）评鉴的主要特点

1.由台湾地区教育事务主管部门组织的评鉴更改为由大学组织的评鉴

长期以来,台湾地区的评鉴工作大多由台湾地区教育事务主管部门主导,一直遭受各界质疑,弊端也日趋突显:其一,大学评鉴对当局有太强的依附性,降低了评鉴过程和结果的客观公正性和科学民主性;其二,缺乏监督和竞争机制,削弱了大学的办学积极性和创造性。

2004年台湾地区的大学评鉴,采用公开招标方式,斥资4900万新台币,最终委托台湾评鉴协会来承办。这样做旨在提高评鉴结果的公信力,以保证评鉴的公正和公平。

作为相对独立的大学评鉴机构,台湾评鉴协会所承担的主要任务是:进行大学评鉴的研究、拟订大学评鉴方案和细则、对评鉴专家进行遴选与培训、建立评鉴专家人力资源库、进行大学评鉴的学科分类、编写学科评鉴手册等。

相对独立的大学评鉴机构的建立,标志着台湾地区已经在现代教育评鉴方面走出了关键的一步,是促进高等教育发展的一种制度保证。下一步,要建立一个完全独立的专职评鉴机构,彻底摆脱原先大学的"门户派别"和"保护主义",从根本上避免政治干预和外行评鉴内行等现象的发生,让大学及大学校长、社会各界都能够接受,保证其较强的公信力和权威性。

台湾地区已从高等教育大众化阶段进入普及化阶段,必须有一个以第三方身份出现的评鉴中介机构,它对现代大学的发展至少有三方面的作用。首先,对各类大学有一个相对稳定的质量衡量的标准,有利于家长、学生和社会对大学的甄别与选择;其次,评鉴中介机构作为大学与当局、大学与社会之间沟通的桥梁,为当局对公立大学拨款、社会对私立大学投资提供某种判断的依据,同时,又让大学在当局管理和高校自主权之间保持必要的张力与平衡;最后,有利于加强大学的自我管理,促进台湾地区高等教育评鉴工作朝着专业化的方向发展。

2.建立专业化的评鉴专家队伍,海外教育专家参与评鉴

2004 年台湾地区的大学评鉴与以往不同,对各校的师资、教学、科研的评鉴是分为六大专业类组进行的,专家队伍人数庞大,聘请的评鉴专家有 361 名之多。在台湾地区,大学评鉴的专业人才不足是不争的事实,大学评鉴毕竟是一项专业性很强的工作,评鉴专家中既要有学科方面的专家,更应该有熟悉评鉴理论、技术和方法的评鉴专家。台湾评鉴协会在实地考察前,特地举办了 10 多场专家培训讲习会,以确保每一位专家都能全程参与培训,帮助他们了解和掌握评鉴指标的内涵,克服评鉴过程中可能产生的先入为主、从众心理、情绪波动、厚此薄彼、光环效应等所导致的偏差。

为弥补岛内专家力量的不足,借鉴先进评鉴经验,提升整体评鉴水准,这次特地从哈佛、伯克莱、斯坦福等海外名校聘请了 10 余名有丰富评鉴经验的评鉴专家,形成"与国际接轨"的态势。

高质量的评鉴需要高水平的评鉴专业人员。台湾地区对大学评鉴的相关研究一向比较薄弱,设置高等教育研究中心(所)的大学也很少,淡江大学是第一家,但也直到 2002 年 8 月才成立。因此,当务之急是培养一批既懂高等教育评鉴的专业理论,又有评鉴实践经验的专家队伍,建成数量充足、质量可靠的评鉴专家人才库。

对本次专家评鉴,学校普遍存在几点担心。第一,专家对受评

学校自评报告审查的时间和到学校实地考察评鉴的时间都偏少，没有充裕时间查阅数据及与师生访谈，显然会影响评鉴的效果；第二，如何建立评鉴专家的共识，确保专家评鉴标准的一致性，是一个十分重要的问题，同一类型的受评学校由几批不同的专家评鉴，评分的宽严标准稍有不一，最终评定的成绩未必公平。说到底，学校对评鉴专家的专业水平还是有一些疑问的。

3.注重自我改进在评鉴中的作用

注重自我改进功能是现代教育评鉴的一个特点，《大学评鉴的规划与实施计划》指出，希望借助各校的自我评鉴和专家的实地考察，以了解各校的办学情形，以期进一步协助各校自我改造、确立发展方向，并鼓励各校发展自我特色与强化优点。

以往的评鉴，受评鉴者常会出现消极应付、过度防卫甚至排斥等心理。2004年度的评鉴，从评鉴的整体设计和运作安排中可以看到策划者试图强调"自我改进，自我定位"的理念，比较注重建立评鉴的共识，倡导与推动受评学校进行自我评鉴，落实自我管控的机制。尤其是作为外部评鉴的前置作业，各校有时间根据评鉴的要求，先对照指标进行自我评鉴，对不足部分进行自我整改，在此基础上，再上报自我评鉴报告和填写评鉴资料表格。

在评鉴报告定稿之前允许和受理学校的申复。这是台湾地区本次大学评鉴体现自我评鉴的一个重要措施。评鉴实地考察结束后，台湾评鉴协会将评鉴专家的意见汇总后邮寄给各受评学校，学校可以根据评鉴报告初稿提出申复及说明。台湾评鉴协会受理各学校提出的申复，交由评鉴专家进行讨论和议决，假如评鉴专家同意校方的申复意见，则对评鉴报告初稿进行修改；假如评鉴专家不同意校方的申复意见，则把评鉴专家及校方意见并列写在评鉴报告中，以表示对学校意见的尊重。

英语 evaluation 在台湾地区很少译成"评估",而习惯用"评鉴",以强调其中鉴定的意义。其实,现代教育评鉴更注重"以人为本",提倡要让评鉴成为受评鉴者自己的事情,所以大学评鉴真正的目的,应该是发挥大学的自主精神,借助自我评鉴,改进校务,提升教育品质,把大学评鉴变成大学内发的自我改进的过程,而不仅仅是通过评鉴对学校、院系之间的优劣进行排名。

台湾地区的大学评鉴理论研究相对比较滞后,符合台湾地区实际的评鉴理论体系尚未建立,从评鉴内容、标准到程序都还缺少严格的规范,如果一味地引进外国大学评鉴的理论和经验,缺少借鉴和内化的过程,常常会水土不服,未必符合台湾地区的实际。例如,根据要求各校要进行自我评鉴,但是学校往往得不到相关评鉴的专业训练和技能的协助,这就影响了评鉴的效果。

4.增加大学评鉴的社会开放性,评鉴结果得到广泛运用

大学评鉴的本质在于价值判断,作用是监督、约束、引导和激励。2004 年大学评鉴的结果向全社会公开,增加透明度,强化社会监督,通过这种开放的形式对大学形成一种压力,为体现大学的社会责任和诚信基础,学校在向台湾评鉴协会递交评鉴资料表格时,必须同时将这些文件挂在校园网的首页上接受社会各界监督。评鉴的最终结果向社会公布,让民众了解他们从大学所能得到的教育质量和绩效水平,为学生在选择大学就学时提供参考。

台湾地区评鉴的开放性也产生一系列积极的正面效应。首先,学校都清楚,按台湾地区的惯例,评鉴结果与许多切身利益有直接关联,包括核定招生名额、核准各类申请、奖励辅助金数目,甚至大学的进退场机制等,因此台湾地区的大学非常在意本次评鉴的结果,以竞争向上的姿态对待。其次,通过评鉴,帮助受评学校找出发展中的盲点,开出改进的药方,让学校根据评鉴结果拟订整

改的方案,有效地推动学校的良性发展。最后,通过评鉴,帮助大学明确自己的定位,发展自己的特色,避免贪大求全都朝研究型大学的独木桥上挤。

台湾地区的政治乱象让人忧心,要减少它对教育的冲击,需要评鉴者和受评鉴者用平和的心态,在大学评鉴透明开放的趋势下,树立正确的评鉴观念,从维护大学的品牌,维护对社会的责任出发,建立起良性循环的运作机制,达到评鉴的预期绩效,从根本上不断提高大学的办学质量。

5.鼓励大学弘扬特色多元发展,进行分类评鉴和分类指导

顺应台湾地区的大学多元、多层次发展的需要,这次大学评鉴注意分类评鉴和分类指导,尽可能避免用一个统一的尺度衡量不同类型的学校,把受评的76所大学按性质进行了细分。例如其中17所公立大学中,综合型和研究型公立大学被分在一个类组,而改制和新建公立大学分在另一个类组;私立大学也被分为理工为主、文法商为主、改制或新建的三个类组。评鉴不仅对学校分类,还将各学校的院系分为六大专业门类,因此评鉴的结果也将多元地呈现。

尽管将受评学校分成九大校务类组、将院系分成六大专业类组,按照不同大学、不同学科类型进行评鉴,但是这次评鉴有一个很大的缺憾:没有对不同类型的大学、不同的学科建立不同的评鉴指标体系,设计不同的评鉴资料表格。这种整齐划一、缺乏个性的评鉴标准往往有失公允,其可能导致大学办学的趋同化。所以,针对不同类型的大学建立多元、多层次的标准和评鉴指标体系,应该是之后成立的高等教育评鉴中心必须首先考虑的问题。

二、2005 年以后的评鉴方法

2005 年 12 月 28 日,台湾当局公布的所谓"大学法"修正案第五条第一项规定,"大学应定期对教学、研究、服务、辅导、校务行政及学生参与等事项,进行自我评鉴";该条第二项规定,"教育部门为促进各大学之发展,应组成评鉴委员会或委托学术团体或专业评鉴机构,定期办理大学评鉴,并公告其结果,作为政府教育经费补助及学校调整发展规模之参考"。

2005 年,台湾中国化学会受教育事务主管部门委托,对 25 所公私立大学的化学专业系所开展评鉴是台湾地区教育事务主管部门全面开展高等教育评鉴工作的序曲。评鉴的指标是:系所背景目标与特色、师资、学生、教学、研究、服务、学生辅导、行政支持和资源等 10 项,评分标准分为 6 个等级,共有 35 位评鉴委员。

(一)评鉴的组织

2005 年 5 月,台湾地区各大专院校共同捐资成立了"财团法人高等教育评鉴中心基金会",接受台湾地区教育事务主管部门委托办理的高等教育评鉴工作,由台湾中山大学前校长刘维琪教授担任董事长。第一届董事共 7 位,由公立、私立大学校长,产业经济界代表和各个学科代表组成,高等教育司、技术及职业教育司司长也以董事身份参加。理事(15 人)、监事(5 人)均由台湾地区公立、私立大学的校长以及热心大学评鉴的学科领域的教授组成。这是一个推广高等教育评鉴工作的社会专业团体,既接收团体会员,也接收个人会员,目的是推广评鉴知识与技术,促进评鉴技术的发展,从事评鉴技术的研究。其任务是:规划大学及职业院校评鉴机制;执行大学及职业院校评鉴工作;设计与举办实地访视评鉴人员培训课程;建立大学及职业院校评鉴人才数据库;搜集先进国家高等教育评鉴信息；推动高等教育评鉴国际交流。

（二）评鉴的种类

大学评鉴分为自我评鉴和外部评鉴两部分，显然，自我评鉴是整个评鉴机制的核心和基础。外部评鉴分为校务评鉴、系/院所评鉴和研究质量评鉴三类。

1.校务评鉴

2005 年，台湾地区高等教育校务评鉴从执行机构看，呈现出评鉴机构多元化、专业化的特点。既有一般专业性学术团体，如中国电机工程学会、管理科学学会、中国化学会、通识教育学会等，又有专业性评鉴机构，如台湾医学院评鉴委员会、护理教育评鉴委员会、中华工程教育学会等，还有全面性专责评鉴机构，如台湾评鉴协会、高等教育评鉴中心等。既有高等学校，又有隶属教育主管部门的机构。从机构属性看，有行政背景的，有行政隶属的，还有纯民间的；有财团法人，有社团法人，还有行政法人。

从评鉴类型上看，台湾地区高等教育评鉴"两个系列"并行不悖：一般大学评鉴有校务评鉴、学门评鉴、院系所评鉴及专案评鉴四种类型；技专院校评鉴有综合评鉴、专案评鉴、追踪评鉴三种类型。如果再加上通识教育评鉴等，种类达数十种。这些评鉴有总有分，全方位地覆盖了台湾地区高等教育。

从评鉴特点上看，首先是认可制与等第制。认可制是采用自我参照，评鉴结果通过与否主要在于学校所提的自我评鉴与改进计划是何种标准、外部委员评鉴学校有没有达到自我设定的标准、有没有追求进步等。等第制是采用相对参照，也就是在一定范围内相互比较，从而确定优劣等级。台湾地区评鉴机构随着系/院所评鉴对认可制的强调和推广，在未来的校务评鉴中可能主要采用认可制。

其次是分门别类开展评鉴。本次校务评鉴注重学校和学科的差异性,分组分专业考察,将各校学门(科)性质相近的系所分成"六大专业领域",就"师资、教学、研究"进行评鉴。同时,将76所大学院校依学校性质区分为"九大校务类组"进行评鉴。因此,本次校务评鉴是分组各自评比,跨校务类组的两校即使等第相同,并不代表两校办学成效相同。

再次是强调高等教育及其评鉴的国际化。为协助台湾地区各大学发展特色并与国际接轨,此次校务评鉴特别强调国际化操作。一是在校务项目中增加了国际化程度指标,具体包括开设全英语授课课程比例、学生通过中级英文检定等级考试比例等项,以凸显高等教育必须重视国际化的趋势;二是为使评鉴机制及结果得到国际认可,此次评鉴邀请了8名岛外学者作为评鉴专家,从国际经验观察校务评鉴过程、方法是否合乎此次评鉴设定的目标,以期使评鉴结果更为客观。同时,岛外评鉴委员在随行参与实地访评期间,也可用国际眼光对被评鉴学校提出意见和建议,促进学校进一步思考。

再者是着力引导大学形成办学特色。校务评鉴的六大项目的中,特别强调"鼓励大学教育机构及其学科发展特色"。因此,尽管评鉴确立了一系列指标,并构建了指标体系,但并不同于指标体系,而是强调被评鉴学校"依适用贵校之指标提供书面报告","若制定的指标不足以彰显各自学校的办学特色,请各校在相应的各大项之后,自行增列其他相关指标及内容说明"。各校因此可以依据校务发展计划所要达成的目标,选择或增加符合学校特点的指标,从而协助各校自我定位,确立发展方向,彰显和强化学校办学特色。

最后是开展后续追踪评鉴。追踪评鉴是评鉴工作的延伸与继续,也是督促各校改进的有力措施。76 所大学校务评鉴结果于2005 年 8 月公布,但评鉴并未就此结束。台湾地区教育事务主管部门规定所有被评鉴的大学,无论成绩好坏,均应于 2005 年 11 月15 日前再提交"2005 年度大学校务评鉴改进计划书",由当初办理校务评鉴的台湾评鉴协会进行追踪评鉴。

2.系/院所评鉴

校务评鉴仅反映大学的宏观办学情况,系/院所评鉴才能真正反映微观办学实际。系/院所评鉴的目的是了解各大学系所的质量现况;判断与建议大学各系所质量的认可地位与期限;促进各大学系所建立质量改善机制;协助各大学系所发展办学特色,迈向卓越;根据评鉴结果,作为当局拟定高等教育相关政策的参考。系/院所评鉴采用认可制(accreditation),认可期为 5 年。系/院所评鉴内容包括师资、教学和研究等 3 项。系/院所评鉴项目及配分权重如表 4-1,不同专业可有适当调整。评鉴全过程分为前置作业、自我评鉴、实地访评(2~4 天)、结果决定与后续追踪等 4 个阶段进行。评鉴结果分为通过、待观察、未通过 3 种,台湾地区教育事务主管部门对于系/院所评鉴结果会进行相应的处理(表 4-2)。从 2006 年起,拟对 70 所公私立大学院校和 8 所军事、警察大学院校共近 4000 个系所、44 个专业,在 5 年内完成系所评鉴工作。2006 年先评鉴教育类、艺术类的 17 所大学;2007—2009 年将公立大学与私立大学混合分组,每年约评 17 所学校;2010 年则评鉴 8所军事、警察的大学院校。每一个系所须接受 2~3 天实地采访、至少 5 位评鉴委员(学界代表 4 人、业界代表 1 人)与系/院所主管、行政人员、教师、在校学生和毕业校友开展座谈和问卷调查、访问教学现场和设施等活动。

表 4-1　系/院所评鉴项目及配分权重

项　目	配分权重
目标、特色与自我改善	10～25 分
课程设计与教师教学	25 分
学生学习与学生事务	20～25 分
研究与专业表现	10～25 分
毕业生表现	10～25 分
合计	75～125 分

表 4-2　评鉴结果及相应处理方式

认可结果	决定标准	评鉴中心处理方式	台湾地区教育事务主管部门处理方式
通过	70 分及以上	提出自我改善计划与执行成果，报部门备查。	五年不必再受评
待观察	60～69 分	提出自我改善计划与执行成果，接受追踪评鉴。追踪评鉴内容仅针对评鉴结果所提问题与缺失。	来年不得扩增招生名额。第二年起追踪评鉴，直至通过为止，停招停办。
未通过	低于 60 分	提出自我改善计划与执行成果，接受再评鉴。再评鉴内容系根据评鉴项目重新进行评鉴。	来年先减招。第二年再评鉴仍未通过，停招停办。

3.研究质量评鉴

这项评鉴采取数据库资料定量评估和专业同行定性评估相结合的方式，分学科进行，并按系所研究成果排名。研究质量评鉴采用质量评估（quality assessment）机制。研究成果排名主要以收入社会科学引文索引（SSCI，Social Sciences Citation Index）、科学引文索引（SCI，Science Citation Index）、工程索引（EI，Engineering

Index)、艺术和人文引文索引(AHCI,Arts and Humanities Citation Index)、台湾地区社会科学引文索引(TSSCI,Taiwan Social Science Citation Index)等五个数据库中的论文数为基础,分学科建立评估指标,再统计各系所的出版篇数与影响因子。此外,由学科杰出研究者对系所研究质量的声望进行评估。二者加权计分的结果作为系所研究质量排名的依据。

第二节　台湾地区高职院校的评鉴特点

在台湾地区,所谓系是指大学本科生教育;所是指研究生教育;日间部指全日制学生;进修部指成人教育。因此,台湾地区的评鉴工作与大陆不同,研究生教育与本科生教育同时统一评鉴,全日制学生与成人教育同时统一评鉴,有利于了解本科生与研究生之间的衔接,以及一个学科师资的整体实力和教学质量。评鉴指标包括教学、研究和毕业生就业表现,因此,评鉴结果能比较全面地反映专业办学实力和毕业生的质量,也有利于全面了解高校教学科研水平。

一、评鉴工作进一步促进了高等教育国际化进程

除了国际化程度列入校务评鉴指标外,凡是国际机构认证通过且在有效认可期限内的系所(如台湾中山大学和辅仁大学的管理学院 2005 年内得到全球权威机构美国商管学院促进协会认可)可以免评鉴。2005 年的评鉴体系邀请了 8 位国际评鉴委员,包括美国高等教育认可协会国际委员葛斯(Donald Gerth)、美国加州旧金山大学校长科里根(Robert A. Corrigan)、美国高等教育评鉴

协会主席伊顿(Judith S. Eaton)、国际高等教育质量保证机构联盟执行长路易斯(Richard Lewis)、德国大学校长联盟副主席霍尔穆特(Stefan Hormuth)、韩国大学教育协会秘书长李铉宗(Hyun-Chong Lee)等。为汲取国际高等教育评鉴专业机构的经验,台湾评鉴中心还申请加入国际高等教育质量保障组织(International Network for Quality Assurance Agencies in Higher Education, INQAAHE)等国际高等教育评鉴组织。

二、大学评鉴机构是独立的法人

2004 年,大学校长会议确定财团法人高等教育评鉴中心基金会是大学评鉴专责单位,是独立的民间财团法人,即当局捐助的财产不超过捐助总额 50%,其设立基金由台湾地区教育事务主管部门和公私立大学院校共同捐助。并且,2004 年评鉴协会承办的"大学校务评鉴规划与实施计划"是通过台湾地区教育事务主管部门公开招标的程序,竞标立项而实施的,有利于树立高等教育评鉴的社会可信度和公信力。

三、评鉴工作的公开性、程序化保证评鉴结果的公正性

整个评鉴工作讲求透明性、中立性、等值性、透明性、一致性、可信性、统整性和自我管制。公正、客观是评鉴工作权威性的关键。2004—2005 年的大学校务评鉴工作中,受评学校的所有资料一律上网填报,所有评鉴结果、大学评鉴报告、追踪改进计划面向社会上网公布。同时,为保证评鉴结论的公正客观,评鉴委员与受评大学有利害关系者须自觉回避。评鉴报告撰写采用合议制,各类组标准一致。评鉴结果分为三等,由各组评鉴委员针对该组内

各校表现进行评比后,给予适当的等级。只公布"表现较佳"与"表现较弱"的学校名单,不公布各校分数与排名。

四、评鉴分类明确,各有侧重

经过自 1975 年以来 30 多年的发展,台湾地区职业教育评鉴体系逐步完善。目前,已基本形成了类别上包括例行评鉴、项目评鉴、追踪评鉴,层次内容上包括学校行政绩效和专业领域办学绩效在内的评鉴体系。评鉴分类明确,各有不同的功能,例行评鉴是对学校整体的综合评鉴,目前每四年一循环;项目评鉴则是根据需要特殊辅导的学校、科系或是台湾地区教育事务主管部门的特殊任务不定期开展;追踪评鉴则是对于例行评鉴不理想的系科组别,在台湾地区教育事务主管部门进行咨询辅导访视的次年进行,以辅导改善为目的。各层次评鉴也各有侧重,学校行政绩效包括综合校务、教务行政、学务行政、行政支持四组,专业领域办学绩效又分为学院与系所两层次。职业教育评鉴对职业教育健康发展发挥着有力的助推作用:高等职业院校规模与硬件设备大幅度改善;师资结构明显改善;产学合作已成为高等职业院校的重要目标,并已将职业院校产学合作办理绩效纳入评鉴项目及奖补助参考和依据,研究扩大职业学校与产业界研究合作及交流渠道的措施;促进了各院校自我检查与改进;评鉴结果的公布激发了高等职业教育品质提升,引起社会各界的重视。

职业院校的定期评鉴与定期访视,也提升了各校办学的良好风气,确保了职业教育的质量。评鉴与访视需要经费、时间与人力之投入,但其成果效益是有形与无形兼具,是投资报酬率很高的教育服务工作。评鉴与访视的功能深受肯定,可用来当经费奖助、学校改制、办学绩效等的参考。评鉴与访视之实施宛如请一群专业医生来为学校做"身体健康检查",检查结果可当作"日常保健"之参考与依据。

五、评鉴存在的不足

(一)台湾地区教育事务主管部门单一机构制定

评鉴实施也存在行政主导性太强的问题,台湾地区职业教育评鉴始于台湾地区教育事务主管部门,评鉴内容也由台湾地区教育事务主管部门规划经各方协商后确定,最终结果主要用于台湾地区教育事务主管部门补助款及总量管制等政策上。整个过程由台湾地区教育事务主管部门这一单一机构主导,虽然具有行政畅通的优势,但其劣势也不可小视,即单一教育行政机构主导有碍院校发挥各自特色。

(二)职业学校教师重学术轻实践

同时,也有观点认为,目前台湾地区职业教育评鉴标准仍在较大程度上比照普通大学标准,特别是体现在以教师在 SCI、EI、SSCI 上发表的论文数量来衡量学校表现,从而导致职业院校不得不重视学术论文之发表,而忽略实用技术的研发。这也成为高等职业院校与普通大学区别模糊化的原因之一。

(三)当局对公私立院校教育投资不同

台湾当局对公私立职业院校经费投入不同,公立院校约 50%以上的经费由当地政府投入,其余自筹(含学费);私立院校经费则主要来自自筹,特别是学生学费。当地政府对其投入不固定,采用特殊补助形式,如评鉴成绩奖励。进入 21 世纪以后,台湾地区经济由于政治因素及产业外移开始有走低趋势,从而影响到教育经费投入,在保障教育经费的台湾地区宪制性规定第 164 条被修改后,台湾地区教育事务主管部门投入职业院校的经费曾出现萎缩。

与此同时,还出现了对教育经费分配不均的现象,体现在给职业院校的经费虽在逐年增加,但比起一般大学的增幅仍偏低,也未能随学生人数增加而相对提升。在对私立职业院校的经费投入上,有学者认为私立院校与公立院校相比,发展政策存在不少桎绊,私立院校得到的经费支持较公立院校少,导致公私立之间教育资源分配不公平,对私立院校发展极为不利;但又有学者认为尽管私立院校的生均学费比公立学费高一倍,但经费并没有成为制约其发展的主要问题。总体来看,当前台湾地区职业教育处在发展时期,专科改制为技术学院附设专科部,技术学院更名为科技大学,在此过程中更需要经费支持。在这种情况下,有学者提出,职业院校面对未来竞争要加快发展,就必须在如何进行校内与校外资源整合上进行思考,包括学校合并、策略联盟伙伴、校际合作等方式,合理配置教育资源,提高办学绩效。

第五章 福建职业教育中传统文化教育的实施

　　教育部《关于加强大学生文化素质教育的若干意见》(教高〔1998〕2号)提到,大学生的基本素质包括思想道德素质、文化素质、专业素质和身体心理素质,其中文化素质是基础;并且还明确指出,我们所进行的加强文化素质教育工作,重点指人文素质教育。2005年国务院颁发的《关于大力发展职业教育的决定》强调,要"把德育工作放在首位,全面推进素质教育。坚持育人为本,突出以诚信、敬业为重点的职业道德教育",由此可见高职院校德育工作的重要地位。而民族优秀传统文化作为经过历史积淀而形成的对现实社会仍能产生巨大影响的文化特质或文化模式,反映了人类社会的历史相似性或历史延续性,是中华民族生生不息的发展动力,也是中华民族传承与创新文化的瑰宝。在高职院校的德育过程中,引入民族优秀传统文化,弘扬民族精神,不仅可以对学生进行爱国主义和人文关怀教育,培育学生的高尚品德与人文素养,而且可以帮助高职院校实现培养有理想、有文化、有技术的高素质应用型人才的目标,也有利于民族传统文化的传承与创新。

第一节　福建高职院校德育中存在的问题

中国传统文化的传承,除了社会因素外,主要还是要靠当代学生对继承和发扬中国优秀传统文化的重视。福建高职院校实施传统文化教育,其目的在于引导学生理解中国传统文化及其对于"一带一路"沿线国家所做的贡献,更好地把中国传统文化传播出去。目前福建高职院校对传统文化的认识不足,主要表现在以下几个方面。

一、对民族优秀传统文化缺乏了解

只有深入了解民族优秀传统文化,才能吸取精髓并加以运用。目前高职院校学生由于文化素养和学习能力不高,阅读和理解传统文化的经典文字有较大的困难,导致对传统文化知识非常匮乏,对传统文化中的经典名著名篇、古代艺术、传统伦理道德、礼仪风俗等方面知之甚少,课外阅读多集中在网络媒体、武侠小说和休闲书籍上,对中华优秀传统文化关注甚少。调查显示,大部分职业学校的学生(含中专生、高职生)传统文化教育基础较差,难以读懂以古诗词和文言文为表现形式的传统文化内容,对传统文化根本不感兴趣,普遍认为于己无用。高职院校中未读过《说文解字》的学生有91.4%,未读过《孙子兵法》的占71.8%,未读过《道德经》的占87.5%,许多学生表示未读过此类传统文化著作是因为教师没有提出阅读要求,在课文中涉及传统文化的内容也较少。[①] 传统文化表达了中华民族深刻的文化内涵和哲理,只有精通传统文化的教师和有一定文化基础的学生才能领悟、体会传统文化中所蕴含的悠久历史和传统美德,因此,提高学生的传统文化教育至关重要,也是刻不容缓的。

二、校园传统文化学习氛围不够浓

传统文化的传播是一个潜移默化的过程,它需要一定的环境条件和良好氛围。职业教育的目标是面对激烈的市场竞争、复杂的多元文化和严峻的就业状况,培养具有综合职业能力,在生产、服务一线工作的高素质技能型人才。由于职业院校教师素质的现状,无法真正给学生提供学习传统文化的氛围,因此在职业院校中传统文化教育很难深入推进开展。此外,职业学校领导也存在偏向注重学生技能的培养,对中国传统文化的认识和重视不足,虽然在德育和语文课程设置上涉及传统文化的内容,但也局限在古诗词、文言文等方面,反映中华历史文化的读本多是让学生课外自学。职业院校因缺少传统文化的教研教改,导致传统文化的教学内容单调,缺少实效性,学生没有兴趣;教学方法呆板,与时代性脱节,学生不易接受。另外,由于学校传统文化教学设施建设投入不足、知识信息更新缺乏与时俱进、教材更新力度不够等,学生普遍认为学习传统文化太抽象,实际作用不大;认为与现实脱离,缺乏学习的迫切性和主动性。

---

① 楚琼湘,罗迈钦.2012 高等职业教育理论与实践[M].长沙:中南大学出版社,2013.

三、高职院校学生传统文化意识薄弱

对于高职院校的学生而言,成绩和学历至上使这些高职生得不到家长、教师和社会的认可,亲情、生活中的负性经验,金钱、地位、名利的遥不可及,使他们看不到自己生命存在的意义和价值。与传统文化教育的精髓内容相背离,部分高职院校的学生讲求实惠而轻视理想,追求功利而忽视奉献,个人意志较为薄弱,心理素质不是很好。不少高职院校的学生对文言文嗤之以鼻,对网络词汇则非常欣赏;对先贤圣人事迹一窍不通,对电视明星则过度关注;对勤俭节约不以为然,对玩乐享受则积极争取。特别是在学习计划的安排上,缺乏目标,平时散漫懒惰,在期末考试时才临时抱佛脚,更有少数学生求助于教师或借助其他手段,企图在考试中行方便,蒙混过关。

高职院校学生自身文化知识水平较低和对传统化热情度不高也直接影响对传统文化的理解和学习。开展中华优秀传统文化教育的最终目的是提高学生的人文素质和道德修养,培养其意志品质与正确的行为规范,并弘扬民族精神,这就对高职学生提出了较高的要求。

四、网络文化对高职院校学生的负面影响

(一)"泛娱乐化"的网络文化冲击学生的理想信念

网络文化在大众传媒助推下存在"泛娱乐化"现象,其营造的轻松愉悦的氛围可以帮助学生释放学习、生活上的压力,缓解紧张压抑的情绪,许多学生对于这种内容丰富又活泼灵动的网络文化保持较高的主动性,网络也就逐渐成为学生活动的重要场域。但

是这种具有新颖特点又"吸引眼球"的网络文化也可能成为学生的"精神鸦片",削弱和淡化学生的理想信念。从学生自身角度而言,许多学生对如何实现个人价值缺乏思考,陷入对现在和未来迷失方向的状态中,在这种情形下,网络文化的轻松愉悦氛围更易渗透入学生的思想行为中,成为"填补"学生"失落"灵魂的重要填充物,由此而来的享乐主义、物质主义冲击着学生的理想信念。从网络媒体文化来说,一味追求利益至上的网络文化为了吸引学生消费而迎合学生口味进行创作,最终从网络文化引导学生转变为学生"控制"网络文化,其结果就是陷入学生以不成熟状态"控制"下的网络文化再一次冲击学生理想信念的恶性循环中。

(二)网络文化虚拟性淡化学生的责任意识

网络文化的虚拟性明显,这为学生参与网络文化的创造与传播提供了保护屏障,学生可以通过网络文化表达自己的真实想法与感受。也就是说,学生可以以符号在场的方式发布言论、表达意见、进行评论。而这种符号在场的形式将虚拟与现实分割开来,对学生的言行约束性较弱,容易导致学生责任意识淡薄。首先,有的学生因缺乏理性思考,借网络文化的虚拟性,将网络文化作为自己情绪发泄的场所,以这种方式获得情绪释放,忽视对网络其他用户的影响。久而久之,这种责任意识淡薄的宣泄行径可能会使网络文化愈发负能量化。其次,网络文化中的舆论事件层出不穷,许多学生对网络文化舆论事件的看法存在感性化和情绪化现象,无视舆论事件的真实性,缺乏责任意识的判断。

五、多元性网络文化使高职院校学生身心素质降低

网络文化具有多元性,因其内容丰富多彩、形式多种多样,以及高效快捷等特点,受到学生的青睐甚至依赖。但学生因自身思

想观念、价值观点等还不成熟，容易沉溺其中，受其摆布，出现身心素质低下的问题。从身体素质来讲，首先，许多学生认为，网络文化丰富的内容基本可以满足学习、生活等自身发展需求，从而逐渐将现实生活实践转移到网络文化中，将网络文化环境作为活动的重要环境，社会实践时间受到挤压，不利于学生培养良好的身体素质。其次，网络文化还包含诸多休闲娱乐内容，丰富多彩的网络游戏、网络小说、网络视频等可能造成学生成瘾，而这种成瘾可能造成良好的饮食、体能锻炼习惯形成困难，加之生物钟颠倒等出现身体机能下降现象。从心理素质来讲，网络文化的多元性可能导致许多学生误将网络作为活动的主要场所，将自己与外界隔离开来，出现学生与现实社会脱节的现象，现实交际受到影响，容易形成孤立、压抑情绪，当与现实社会接轨时可能出现胆小、怯弱的心理。据在校学生获得网络信息的来源调查发现，选择网络论坛、微博、门户网站等新兴媒体作为渠道的同学分别占总人数的 72.40％、69.76％、60.20％，显著大于利用报纸、杂志及电视新闻等传统媒体。这表明学生对社会现象的认知主要来源于各种网络渠道。但是网络上的信息好坏掺杂，各种不同的思想文化、价值观念在网络汇集交织，交融冲突。比较突出的表现在：(1)西方国家利用网络传播西方的意识形态和价值观念，对我国国家建设各方面进行言论攻击，甚至发布一些虚假消息攻击中国内政，丑化我国的社会主义制度。(2)国内的一些门户网站为了吸引网民的眼球，刻意夸大甚至歪曲一些社会热点现象，以提高其点击率。(3)不法组织利用网络传播信息，制造反动舆论或发泄不满。面对网上的不良信息，大多数学生难以对其进行理性分析和判断，会对学生在校接受的正确价值观、政治信仰和思想道德产生冲击，造成学生对社会主义主流思想的动摇。如果长期接触这些思想，还会对其周围学生产生影响。最终破坏校园固有的道德观、价值观和文化观,毒害更广大的青年学生,使校园主流思想政治教育成效大打折扣并危害到校园稳定和谐。

随着互联网的普及,网络文化在 21 世纪蓬勃发展,已全面渗透到高职院校师生的学习和生活中,广泛而深刻地影响着他们的思想观念。网络的有害信息如果得不到有效过滤,势必冲击学生的价值观念,造成学生道德品质的下降,这些不良负面的影响与民族传统文化中所倡导的人格品质背道而驰,给德育工作的有效实施带来了较多的困难。网络文化的通俗性因缺乏传统文化的底蕴和现代人文精神,无法体现文化的价值,其广泛传播所导致的一系列网络伦理问题和行为失范需要高职院校德育工作者的高度重视和及时制止。

六、重考证轻素养

时代的发展和社会的变革使中国传统文化的深远价值和独特魅力凸显出来,使人们越来越清醒地认识到进行传统文化教育的现实意义。大陆高职院校虽然已逐渐意识到人文素质对学生就业和未来发展的重要性,但其主要理念仍然是"以就业为导向",把"为社会培养高等职业技术应用型专门人才"作为高职教育的培养目标,因而一切教育教学活动都还是以培养学生专业知识、提高学生专业技能为中心展开,对学生人文素养的培育并没有予以真正的重视。我们要扭转"专业教育""考证过级"的观念,建立重视人文素质培养、强化传统文化教育的体制,改变重考证轻素养的观念。

从教师来说,由于中华优秀传统文化教育没有得到学校的应有重视,加上高职院校所开设的中国传统文化课程大多属于公共选修课性质,在思想上也没有引起足够的重视,即使部分任课教师想有所作为,但囿于学校课程建设经费的不投入而力不从心。从学生来说,就业的压力和不同程度的自卑感使他们始终忙于各种考证、考级,他们对就业过程中的人文素质要求不清楚,或者似信非信,加上印象中觉得中华优秀传统文化太博大精深、难以理解,本身的文言文基础知识又比较差,平时的阅读书目基本上不涉及中华优秀传统文化经典作品,很难真正提高自己的传统文化修养。

另外,有一些高职院校只关注学校发展的规模和速度,缺乏对学生的素质培养的深入思考和系统规划,尤其是在办学理念的确立、培养目标的定位、价值取向的树立等方面出现了偏差,对学生的人文知识教育和人文精神培养重视不足,人文教育的课程设置也存在着不合理现象。表现在大多数人文教育课程都是公共选修课,随意性强,开设不稳定;人文教育类公共选修课的设置大都模仿本科院校,教材也大多是本科院校使用的原本或缩减本,真正适合高职专用的教材非常少;人文课程的教学大多沿用专业教育模式,以知识性传授和考核为主,教学效果不明显。

在应试教育模式下,对十年寒窗后只能进入高职院校的学生来说,就业竞争压力更大,因此大部分学生学习和生活的重心都围绕着技能专业、考级考证、冲刺更高学历、接受专业培训等方面,根本无暇去学习“没有什么实用”的民族传统文化。而许多高职院校更关注招生率和就业率,关注“技术教育”,对德育工作只侧重于形式化的思想政治理论课课堂教学,忽视人文教育,较少关注学生的文化品位与修养;侧重灌输式教育方式,忽视与学生的对话,不利于学生主体性的发挥。尤其是目前对德育课程的调整,降低了传统美德教育在德育课上的比重,过去一门独立的“思想道德修养”课程变为“思想道德修养与法律基础”课程中的一部分,在“两课”的课时安排、教学内容和理论深度等方面一再被压缩和降低,因而在传统文化教育创新方面也只好浅尝辄止。

第二节　福建高职院校实施传统文化教育的必要性

随着改革开放的不断深入,互联网的日益发展,西方文化的大量涌入,高职学生对不良文化的辨别和抵御能力较差,盲目学习必将给自己和家庭带来伤害,给社会和国家带来危害。中华优秀传统文化不仅照耀着中国的悠久历史,也辐射着中国的现代化进程,是中华民族实现伟大复兴的精神动力。高职院校毕业生作为社会主义的基层建设者,只有弘扬和培养民族精神,不断提高技能,才能实现心中的中国梦,为中华民族的伟大复兴做出贡献。习近平总书记多次就学习中华优秀传统文化发表重要讲话,他指出:"中华优秀传统文化是中华民族的精神命脉,是涵养社会主义核心价值观的重要源泉,也是我们在世界文化激荡中站稳脚跟的坚实根基。要结合新的时代条件传承和弘扬中华优秀传统文化,传承和弘扬中华美学精神。"2014 年 3 月 26 日,教育部关于印发《完善中华优秀传统文化教育指导纲要》的通知指出,加强中华优秀传统文化教育,是深化中国特色社会主义教育和中国梦宣传教育的重要组成部分;是构建中华优秀传统文化的传承体系,推动文化传承创新的重要途径;并明确要求:大学阶段,以提高学生对中华优秀传统文化的自主学习和探究能力为重点,培养学生的文化创新意识,增强学生传承弘扬中华优秀传统文化的责任感和使命感。该通知对课程内容进行了明确界定:以弘扬爱国主义精神为核心,从爱国、处世、修身三个层次概括凝练中华优秀传统文化教育的主要内容。一是开展以天下兴亡、匹夫有责为重点的家国情怀教育。引导青少年学生深刻认识中国梦是每个人的梦，以祖国的繁荣为最大的光荣，以国家的衰落为最大的耻辱，增强国家认同，培养爱国情感，树立民族自信，形成为实现中华民族伟大复兴的中国梦而不懈努力的共同理想追求。二是开展以仁爱共济、立己达人为重点的社会关爱教育。引导青少年学生正确处理个人与他人、个人与社会、个人与自然的关系，学会心存善念、理解他人、尊老爱幼、扶残济困、关心社会、尊重自然，培育集体主义精神和生态文明意识，形成乐于奉献、热心公益慈善的良好风尚。三是开展以正心笃志、崇德弘毅为重点的人格修养教育。引导青少年学生明辨是非、遵纪守法、坚韧豁达、奋发向上，自觉弘扬中华民族优秀道德思想，形成良好的道德品质和行为习惯。通过家国情怀、社会关爱和人格修养三个层面的教育，培养青少年学生做有自信、懂自尊、能自强、高素养、讲文明、有爱心，知荣辱、守诚信、敢创新的中国人。

一、福建高职院校实施传统文化教育是社会的需要

对于一个民族的发展来说，文化的建设至关重要，它是民族长期稳定的基础，也是一个国家长治久安的保证。高职院校要按照现代社会"对有德有才的精品，大力使用；对有德无才的次品，培养使用；对无德有才的废品，拒绝使用"的用人标准，通过各种形式将传统文化融入常规教育教学中，针对高职学生的实际因材施教，使学生具备良好的道德品质、心理素质、职业修养和职业道德，以积极、健康的心态接受企业的选择，尽快适应社会。

优秀传统文化素养是高职学生职业素质的组成部分。提高职校学生的职业素养是学生自身成长的需要，也是中华民族实现伟大复兴的需要，实现中国梦的需要。高职学生与普通高中学生相

比,具有文化基础薄弱、思想认识较低、自律性较差的特点,有的学生还处于家庭不和睦或单亲家庭的环境中,呈现难教、难管、难沟通的突出特点。学生受社会不良习气的影响较大,表现为:为寻求自信和刺激,痴迷网络,性格孤僻,难以沟通;过分追求奢华的生活,好逸恶劳,缺少责任感和集体感;社会认知程度较低,遇事时不计后果,不懂自尊、自爱和自强等。而传统文化中"兼爱""和合"的理念,"先忧后乐""兼容并包"的思想,"厚德载物""自强不息"的精神,是中国传统人文精神的基本内涵,也正是高职学生向"社会人"转变的必备思想条件。

(一)指导家长采取正确的教育方式

有的高职学生家长因为自己的子女表现不好,如旷课、考试多门不及格、不思进取等,往往会采取责备甚至打骂的方式去教育子女,其效果必然不好。不少情形下,孩子不但没有认识自己的不良行为而去加以改正,反而变本加厉,最后落到只能退学的地步。在学生出现问题而与家长沟通时,希望家长在指出学生问题的同时,注意教育的方式方法,特别是要针对自己孩子的特点,动之以情,晓之以理,以理服人,避免简单粗暴。这样的教育效果通常会比较好,也能使学生的心理得到健康的发展。

(二)提高学生的抗压能力

教师要有良好的心理健康素质,注意教育的方法,不要使用唯我独尊、居高临下的方式去处理学生的问题;在教育过程中要学会控制自己的情绪,要把学生当作自己的亲人或孩子,让学生时时感受到你的亲和力;同时要坚持原则,严格教育。这样处理问题,学生当然会积极配合,教育才更有成效。当学生遇到学业压力、人际交往压力、感情压力、就业压力等实际问题时,教师要善于有的放矢地引导学生减压,提高学生应对压力的心理承受能力。

（三）鼓励学生积极参加各种社会活动

让学生多参加一些社会实践活动，比如参加社区活动，联系相关单位去实习等。通过与社会直接接触，让学生及早了解社会、认识社会，积极参与到社会活动中去，积累社会经验，丰富人生经历，树立正确的人生观和价值观，以良好的心态去应对不断变化的社会，达到提高心理素质的目的。一旦发现有心理问题的学生就及时与之沟通，帮助他们增强自信心，明确学习目标。要开导他们，让他们知道随着时代的发展，社会对高等技术应用性专门人才的需求量越来越大，而目前我国这方面的人才非常紧缺，因此，高职学生的就业前景无须悲观。同时，还应通过组织观摩活动和举办各种讲座等方式，让学生认识到高职专业和本科专业的区别，认识到高等职业教育的重要性和必要性，帮助学生客观地认识评价自己，发现自己的长处，根据客观现实条件来调整个人需要和心理期望，避免由于自己的期望过高或过低造成心理上的焦虑不安或松懈情绪，从而去除自卑感，重新树立自信心。

（四）帮助学生分析造成挫折的主客观原因

对于遭受过挫折的学生，要注意和他们一起认真分析造成挫折的主客观原因，引导他们采取积极的反应方式和掌握解脱紧张情绪的有益方法，如理智、升华和幽默等，帮助他们增强适应能力，减少动机与行为的攻击性、冲动性，尽量克服和避免消极对待挫折情境的反应方式，使其在复杂的生活中立于不败之地。

二、福建高职院校实施传统文化教育是时代的需要

（一）弘扬优秀传统文化是促进社会主义文化发展的必然选择

中共中央办公厅、国务院办公厅印发的《关于实施中华优秀传统文化传承发展工程的意见》指出，实施中华优秀传统文化传承发

展工程,是建设社会主义文化强国的重大战略任务。该意见已将中华优秀传统文化传承和发展纳入国家战略层面,从整体上对中华优秀传统文化的传承和发展做出规划,以国家意志提出的一系列重大举措必将凸显出其深远的重大意义。优秀传统文化指的是在一个国家的传统文化中较为积极的、能够激发人们奋发向上的良好的精神风貌和道德品质,是促进和谐社会进程的精华部分,是正能量传播的根基。只有帮助学生深入了解我国优秀传统文化产生的历史渊源和走向,才能让学生领会传统文化中所诠释的价值理念与行为准则,才能真正促使学生增强对祖国优秀传统文化的自信心。

中华优秀传统文化博大精深,是中华民族特有的精神遗产和宝贵财富,对国民思想道德教育发挥着重要的作用。大学生作为中国未来社会经济发展的主要群体,也是传统文化的主要继承发扬者。高职院校必须正视当今大学生因缺失正确的文化精神引领,而导致校园乃至社会风气每况愈下的现状。我们应按照先贤圣人的殷殷嘱咐,重视起传统文化教育,让圣贤文化回到大学校园,让学生浸润其中,培养真正"德才兼备"的创新人才,为实现中华民族伟大复兴奠定基础。

(二)中国传统文化离不开美育教育

当今社会精神文明和物质文明已经到了相当发达的水平,但不可否认,也有假恶丑等有害因素的存在,所以,必须加强美化、纯化工作,把有害因素消除出去,形成一个清新的社会。

要实现清新的社会这一美好愿望,就要提高人的美德文明度,必须通过各种方式和途径,如法律教育、思想教育、道德教育、科技文化教育、审美教育等一系列教育。而审美教育就是美育,是美化、纯化人们最根本的教育,因为审美教育对德育、智育、体育的发展有很大的促进作用。习近平总书记给中央美术学院的老教授回信强调:做好美育工作,要坚持立德树人,扎根时代生活,遵循美育特点,弘扬中华美育精神,让祖国青年一代身心都健康成长。可见,学生的德育、智育发展必须同美育结合起来,经过美育的途径才能更快实现,寓教育于美的享受,优秀艺术的作用在于人们在美的享受中得到教育,一首优美的歌曲、一幅优美的图画,人们听了看了,既得到美的享受,又体会到高尚的美德、崇高的理想。审美教育可以提高学生的形象思维能力、发展思维能力、记忆力、理解力、创造力,学生具备这些能力,才有可能成为有用人才。

我国早在周代就形成了用"六艺"对贵族子弟进行教育的体制。其中,乐是包括诗、歌、舞在内的综合体艺术,礼乐结合,既是治理国家的法律制度,又是进行教育的方式。"六艺"实际上就是专门的美育课。到春秋末期,中国古代思想家、教育家,儒家学派的创始人孔子创立了古代教育体系。孔子结合音乐、诗歌、舞蹈等艺术发挥他的美育思想,奠定了中国古代美育思想基础,形成了封建社会的中国美育传统。

中国近现代著名的民主革命家、思想家、教育家、文化知识界的革命先驱者蔡元培,是中国提出美育的第一人,"以美育代宗教说"闻名于世,毕生不遗余力地倡导美育。他提出"纯粹之美育,所以陶养吾人之感情,使有高尚纯洁之习惯,而使人我之见、利己损人之思念,以渐消沮者也"。古今中外,伟大的政治家、革命家从小就有美好的理想,科学家从小就有科学的幻想,艺术家从小就有丰富的想象力,这与他们小时候的社会环境、家庭环境有关。当然有些还带着遗传的基因,但更重要的是靠审美的教育。审美教育会激发人的学习信心和学习积极性,为美好的理想而努力学习。

没有审美感的学生,他们的学习就会带着盲目性,不明白为什么而学习,他们学到的知识也就不可能创造出有审美价值的东西。比如,一个没有审美感的设计师,就不可能设计出有审美感的建筑物。没有审美感的工厂技术设计员,同样设计不出既美观又大方的产品。现代人的审美要求越来越高,永远不会停留在一个水平上,人们的衣食住行所需的用品需要美观,生活环境需要美化,只有不断创造出更新更美的生活用品,才能不断满足人们的审美要求。

审美是基于正确的美学之上的。首先要对美的定义、本质有所认识。由于人们思想认识水平不同,审美观、世界观也不尽相同,对同一事物感觉不同,你感觉是美的东西,他人却认为是丑陋的,因人而异,因此出现诸多说法。

有的人把美和审美对象看成一回事,认为审美对象是由人的主观感受、审美态度创造出来的,不是客观事物原来的属性,美是一种纯主观实物。有的人认为美存在于主客观之间关系中,既不是客观的,也不是主观的;既不是一种纯粹智力活动的结果,也不是客观对象的固有属性,而是这两方面变化无常的关系。这两种说法都带有片面性,属于主观唯物主义审美观。

辩证唯物主义审美观认为,美是客观性与社会性的统一,美离不开社会生活的属性,美是客观存在于社会生活中的属性。

美离不开人,人离不开人类社会生活,美与善一样都是人类社会的产物,它们只对人类社会才有意义,所以说人性、社会性是美的本质。

教育工作者首先应该对美学有所研究,树立起正确的审美观,才能有所鉴别,取其精华,去其糟粕,正确认识美与社会、生活的关系。遵循辩证唯物主义关于美是客观性与社会性统一的观点,美是客观存在于社会生活中的产物。美是正确反映生活的;反过来,脱离生活、歪曲生活的就不是美。

以西方的人体画来说,过去我们一直认为西方的裸体人体画是低级的、黄色的、丑陋的,这反映出我们审美观的落后。今天我们的观点就不同了,开始意识到人体是美的,审美观进步了。如何欣赏人体画的美?首先要了解人体美、认识人体美的客观性,通过人体写生,熟悉理解人体和种种事物的合乎美的客观属性,逐步提高人们的审美感。

美还表现在精神、气质、意境上,通过写生接触生活、熟悉生活、体验生活,才能真正理解各种精神实质。审美教育主要是提高人们的审美水平,而审美感是在人的创造性活动过程中,在对周围世界的审美关系中形成的。审美感在人的生活中起着巨大的作用,有怎样的审美感,就有怎样的审美趣味和审美理想,正确的审美感能促进人的全面发展,能引导人们沿着正确的方向接受美、理解美、追求美,并按照美的规律去创造美,进而推动社会的发展。

美是人类一切活动的最高理想,比如政治家、革命家的社会活动,科学家的科学试验活动,艺术家的艺术创作活动以及工人、农民的生产劳动都是以创造美的社会、美的艺术品、美的工艺品、美的农产品等为最终目的。

为了使社会不断发展进步,首先应通过审美教育,激起人们追求美、热爱美、创造美的热情与愿望,确立坚定的奋斗理想和信念,才能不畏艰难、不怕牺牲,百折不挠、勇往直前。

但是人类社会并不像我们所想象的那么完美,社会还存在许多丑恶现象,如不忠、不孝、不仁、不义,无尊、无廉、无耻,更可恶的是偷盗、赌博、吸毒、奸淫、腐化、霸道、谋财害命、以权谋私、杀人放火等。因此,为净化人类,把人类的每一个成员都培养成真、善、美的人,消除假、恶、丑的人,应当开展全民性美学、美育广播讲座,讨论会、辩论会,对艺术作品如戏剧、电影、美术、音乐、小说等展开评论,对优秀文艺作品进行观摩、欣赏,聆听英雄模范演讲,以提高广大社会成员的审美水平,提高接受美、理解美、判断美的能力。

弘扬中华美育精神,是实现中国梦的重要思想。中华民族要强起来,中国人民要美起来,就必须大力弘扬中华美育精神,让国人能够在美的生活环境和美的社会氛围中提升审美素养、陶冶高尚情操、塑造美好心灵、激发创新活力,成为有品位、有内涵、能创造的时代新人,才能使中华民族展现独具东方神韵之美。

弘扬中华美育精神,是促进中国文化繁荣兴盛、建设社会主义文化强国的现实需要。"文化是一个国家、一个民族的灵魂",建设和谐美好的社会,惠及全民族的利益和共同愿望,中国文化繁荣兴盛,要靠中华民族在理想信念、价值理念、道德观念上形成强大共识和凝聚力。因此,在大力弘扬中华美育精神,守住中华民族文化根脉中,只有发挥"更基础、更广泛、更深厚"的文化自信,才能创造出多姿多彩的新时代文化品格和精神风貌,造就良好的审美素养。

审美教育是时代的要求,加强审美教育,尽快提高社会成员的审美水平,激发人们追求美、热爱美、创造美的愿望,以先进的审美意识教育人们。美育工作者是人类灵魂的工程师,是美化世界、美化人们心灵、美化人性的工程师;审美教育是时代赋予教师最伟大最光荣的任务,为实现社会美满幸福的理想做贡献。

第三节　福建高职院校实施传统文化教育的途径

虽然台湾地区重视通识教育,《易经》、书法等课程的传授一直是台湾地区通识教育的核心,但有些年轻人对于为什么要学中国传统经典文化抱有疑惑,一些高职院校降低了通识课程在学分中的比重。总的来说,传统文化课程的数量和质量都在走下坡路。目前大陆高职院校非常重视对传统文化的教育,中国文化的传承,只通过文史哲课程的学习是不够的,还要通过通识教育引导学生理解中国文化,发挥优秀传统文化在教育中的作用。针对目前中国传统文化在福建高职院校教育中存在的问题,笔者认为有必要从以下几个方面提升学生的思想内涵。"他山之石,可以攻玉",学习和借鉴台湾地区高职院校的宝贵经验,有助于改正福建高职院校教育存在的问题。

一、树立以传统文化为核心的"全人化"德育理念

传统文化中有许多值得推崇的理念,如"修学好古,实事求是""成己,仁也;成物,知也。性之德也,合外内之道也""博览群籍,实事求是,不取依托附会",此外还有诸如"学以致用""术德兼修""化性起伪""积虑习德""厚德载物""自强不息"等。福建高职院校可以按照"全人教育,止于至善"的目标进行规划,以提高学生人文素养、专业态度,使学生达到具有中国传统美德和较全面知识能力的"止于至善"的圆融境界。这种人文涵养也是未来人格特质中不可或缺的"潜力培养"要素。在高职院校德育工作中贯穿"全人化"教育理念,就是要避免技能教育所带来的缺陷,把中国传统文化的价值取向融入学生的德育工作中,让学生作为一个具有较完整人格的自然人、一个社会公民参与德育的全过程。这一过程应充满人性的关爱,以实现人的自由和全面发展为目标,尊重文化和知识的多元,在掌握技能的同时充实涵养,尊重社会价值取向的差异性,从而与他人和谐相处。

二、构建以传统文化为主旨的形式多样的德育平台

新科技带来了新冲击、新活力，而新伦理、新秩序也有待建立。唯有科学技术与人格素养齐头并进，才能造就全人化、健康化、国际化的优秀人才。首先，福建高职院校可利用校园优势创建充满传统文化气息的校园环境，让每面墙壁、每个标牌说话，对学生进行潜移默化的影响。如在办公楼及附近区域，通过宣传标牌、宣传栏等形式，宣扬传统道德，注重现代与传统兼容并蓄，引导学生树立"为天地立心，为生民立道，为往圣继绝学，为万世开太平"的人生观。其次，学校应多开设一些讲授中国传统文化的选修课，打造一些基于德育目的的中国传统文化教育的品牌课，为学生系统学习传统美德提供机会。如进行中国传统音乐教育，通过认识中国传统乐器，了解这些乐器的发展源流、构造形式、演奏方式、音乐特色等，让学生具备一定的历史文化知识与开阔的人文艺术视野，感悟中国传统文化的魅力，进而结合先秦、汉魏、隋唐、宋元、明清、民国和现代社会历史文化背景，进一步提高学生的传统文化素养，陶冶性情，塑造优雅的气质。再次，有效开展社会实践活动，实现传统美德教育与实践相结合。如开展全校读书日活动，多举办一些关于中国传统文化的讲座，邀请一些校内外专家学者讲学，多角度多方位地为学生提供精神盛宴，从而开阔学生的视野，引导其读书的兴趣和方向，在潜移默化中达到德育的效果。最后，利用学生的社团活动，拓展传统文化教育空间。如组织读书报告活动、感恩活动、艺术活动，通过这些活动，一方面向学生推荐好的传统文化的书目，如《道德经》《孙子兵法》《史记》《三字经》《资治通鉴》等，另一方面也可以使学生在阅读中得到思考。

我国是一个具有悠久历史和文化传统的文明古国，儒家学说

作为中华传统思想的主流,深刻影响着社会方方面面,潜移默化地影响着一代又一代的职业劳动者。高职院校德育教育不可避免地受到传统文化因素的影响。在高职院校职业技术教育中融入传统文化的教育内容,加强职业道德的建设,可以从以下几方面入手。

（一）培养敬业乐业的态度

《礼记·学记》强调"敬业乐群",老子讲"安其居,乐其业",孔子说:"知之者不如好之者,好之者不如乐之者。"人生要从自己的职业中领略出趣味,生活才有价值。敬业即有责任心,是对工作专心致志;乐业即有趣味,不仅乐意去做某件事,而且能从中领悟出趣味来。职业是个人实现理想抱负的基本方式,敬业包含积极的人生态度,敬业精神是一种道德追求,是现代人确认自身价值和追求自我道德完善的规范。所以,敬业是道德主体主动的选择和自觉的价值追求,现代社会要求从业者必须具备高度的敬业精神,客观上要求从业者敬业重道、乐业爱岗,有强烈的事业心、责任感和使命感,否则就不能适应现代劳动本性和社会发展的要求。培养责任感、使命感,激励从业者勤奋工作、积极进取、奋发有为是企业文化的主要内容。儒家提出的"慎独自省,改过修炼"在今天的职业道德教育中仍有重要的借鉴价值。

（二）塑造诚实守信的品质

孔子说:"人而无信,不知其可也。"诚实守信是中华民族传统美德的一个重要规范,诚实不欺是人的根本,职业人最基本的条件是诚实、忠实、老实。待人要坦诚相见,信守承诺;要恪守信用,严格履约;要自律自省,自觉担当。不弄虚作假,不欺上瞒下,不歪曲事实,不偏听偏信。诚实守信的品质要融入职业道德的各个方面,各行各业的从业者都要在各自的岗位上培养诚实守信的观念,忠诚于自己从事的职业,信守自己的承诺。《史记·吴太伯世家》记载:"季札之初使,北遇徐君。徐君好季札之剑,口弗敢言。季札心知之,为使上国,未献。还至徐,徐君已死,于是乃解其宝剑,系之徐君冢树而去。"这是说季札第一次出使经北方的徐国时,徐君很喜欢季札的剑但不说。季札心里也知道,但他要出使别国所以没送。等回到徐国时,徐君已死,季札乃解剑挂在墓旁的树上。随从说:"徐君已死,这要送谁?"季札说:"我当初心里已经要把剑送他,怎能因他已死而违背诺言?"诚实即忠诚老实,就是忠于事物的本来面貌,不掩饰自己的真实思想和感情。守信即信守承诺,忠实于自己应承担的义务,答应了别人的事一定要去做。忠诚地履行自己承担的义务是每一个现代从业者应该具有的职业品质。

(三)注重礼仪教育

中国是以"礼仪之邦"著称的文明古国。孔子说:"道之以政,齐之以刑,民免而无耻;道之以德,齐之以礼,有耻且格。"意思是用法律去约束人的行为使之合乎规范,只是在外力作用下的强制结果,不如用礼仪、道德去约束人们的行为规范,它是发自于心的,属于内在的自我要求。这样既可以使人际关系、社会秩序和谐有序,更可以实现人们内在心灵的自我升华。礼产生于人类,就是让人知道自己有别于禽兽。孔子说"温良恭俭让",是将"让"作为人的优秀品质来颂扬的。对他人要有容人之量,与人为善,宽厚待人。蔺相如礼让廉颇、周瑜礼让程普,是有口皆碑的美德。对人礼让实际上就是加强自身的内在修养。有了严于律己、宽于待人的道德修养,人际关系自然就和谐了。讲礼仪要得体适度,即"上交不谄,下交不渎"。不可随便阿谀奉承,行为不越过节度,热情而又保持庄重,各种行业的从业者都应体现出自己的仪容特征。

高职院校职业教育中注重礼仪教育,培养学生恭敬的态度、诚恳的谈吐、整洁的仪容、适度的微笑,这一切外在的仪容举止,是职业人内心的人品、修养、学识乃至智慧的最好介绍信。这些仪容举止常常会给人带来美好的声誉与珍贵的人生机遇。要从职业道德的整体要求出发,加强传统文化教育,提高传统文化教育在职业技术教育课程教学目标中的地位和作用。职业技术教育课程是人文与技术的结合,把传统人文要素的内容纳入教学目标和过程中,使传统文化对学生职业能力的发展起到积极的促进作用。

（四）重视职业道德的培养

我国传统文化的发展促进了一批具有文化特色专业的发展,为职业技术教育的发展提供了广阔的空间。有些专业与传统文化完全融合,如古典园林专业、中式烹饪专业、旅游文化专业、戏曲表演专业等,都在传统文化的引领下逐步发展壮大。传统文化中的传统工艺等需要有一批传承人,现代出现的专业也离不开传统文化的教育。专业知识的学习和技能的训练都需要传统文化的底蕴,这样才能培养真正的高素质技能型人才。在专业学习中要融入职业道德。职业道德是随着社会分工的深化而形成和发展起来的道德规范体系。职业技术教育培养的职业人首先要有职业道德,才能使整个行业乃至全社会保持一种和谐的状况。"德才兼备"是福建乃至整个中国职业教育人才培养的目标。职业道德的高低决定了一个国家的经济发展水平和社会的文明发展程度。我国现阶段出现的大量假冒伪劣产品、有毒食品问题等都是违背职业道德、没有职业操守的表现,是严重的职业道德沦丧。因此,我国迫切需要培养具有良好的职业道德,又能适应社会需要的高素质技能型人才。

（五）发扬吃苦耐劳的精神

吃苦耐劳是职业成功的基石,任何事情想要获得成功,必须经过奋斗和努力,没有吃苦精神就无法到达成功的彼岸,也不能尝到成功的喜悦。王羲之的"墨池"、孙康的"映雪",还有孔子"韦编三绝"的故事都是很好的例证。事实证明,只有愿意吃苦、勇于吃苦、不怕吃苦的人,才能出色地完成本职工作;见到困难就退缩的人,根本无法尝到成功的喜悦。职业技能的训练是职业教育的一项重要的实践性环节,需要发扬传统文化中吃苦耐劳的品质,学校对学生进行训练时,要引导学生进行职业体验。目前福建高等职业教育开展的实景化教学就是一种体验式教学。教师技高业精会对学生产生直接影响,所以高职院校要大力培养既是教学能手又是行业精英的"双师型"教师。中国传统文化的思想认为学习技能主要是靠师傅带徒弟,因此教师既是老师又是师傅,用自己的成长经历来影响学生是最有说服力的。

传统文化教育要贯穿在整个高等职业教育过程中,但对待传统文化还是应坚持实事求是的科学态度,取其精华,去其糟粕。传统思想中的职业等级观念、官本位特权意识、封闭保守、因循守旧、世故散漫等消极的因素要摒弃,现代社会的竞争观念、效率观念、创新意识、民主意识要进一步加强。高等职业教育培养高等技术应用型人才,要加强职业道德教育,创新传统文化教育,走出传统文化教育思维的新路,培养符合职业技术发展的高素质技能人才。

三、重视传统文化教育的课程设置和教材编写

提高当代学生的传统文化素养,首先,要重视传统文化教育的课程设置。福建高等职业教育德育课程中增加以传统文化为内容的教育,通过传统美德和现代公民意识等精品课程的挖掘与推广,提高学生综合素质,唤醒学生的主体意识,增强学生的历史和社会责任感;通过历史教学来启发学生对人类社会历史、文化价值的反思和批判;通过网络教育来探讨目前正在流行的网络文化和道德

争议问题，帮助学生树立正确的道德价值观，理清个体和群体间的辩证关系等。其次，重视传统文化教育的教材编写。要将"以人为本"、全力提升"人文精神"为宗旨，使教材真正服务于学生。因此，职业院校要编制中华优秀传统文化教育教学计划，成立教育工作领导小组，打造一支业务精、作风正、高素质的专业教师队伍。学校成立中华优秀传统文化教研室，组织专兼职传统文化教师，编写通俗易懂、喜闻乐见的中华优秀传统文化校本课程标准和授课讲义，如《高职学生传统文化教育手册》《国学启蒙宝典》等，开发传统文化经典案例。根据学生的实际接受能力，逐步开展传统文化启蒙教育，以《百家姓》《千字文》《三字经》《弟子规》《名贤集》《论语》《千家诗》等国学经典为基本教材，培养学生明德、处事、思辨、智慧、诚信、友爱的传统美德。通过参与式、情景式、体验式、讨论式、分享式等教学方式，本着"贴近实际、贴近企业、贴近学生"的原则，充分发挥学生的主体作用，研究有效的课堂教学。在教学的趣味性方面，可以让学生用一次性筷子和细绳制成"竹简"，在上面抄写国学经典篇章，这样既增强了学生的兴趣，也使学生体会到古人读书的艰苦。

四、培育具有传统人文素养的德育师资

福建高等职业教育要加强学生思想政治教育工作队伍的建设，只有培育出一支较高素质的教师队伍，高等职业教育人文氛围才会浓厚，各项工作才能有效开展，德育教育才能取得成效。因此对于德育的专门教师来说，要培养兴趣和加深了解中国传统文化，要具备专业的学术水平，能够运用通俗语言来因材施教，培育学生的听课兴趣。首先，可以建立传统文化学习小组，以高职院校校长为组长，各系、专业负责人为成员，有方案、有计划地组织学习活动。其次，可以内部挖潜，选取本校的道德标兵或人文素养理论水

平较高、实践经验较丰富的德育专门教师,通过讲座、精品德育课程示范课等形式向其他教师传授课堂德育教学的经验、技能,讲授民族优秀传统文化,促进其他教师专业水平提升。最后,鼓励在校教师进双一流高校进行深造和脱产培训,为高职院校德育工作者创造外出培训深造的机会,不断提高教师自身水平。

五、实施以传统美德教育为内涵的德育评价

首先,对高职院校的德育环境进行评价,设计以传统美德教育为内涵的评估指标。评价内容可包括对学校的工作环境、校风校貌、文化氛围状况等,对传统美德教育专职队伍建设的基本状况,对德育工作者的思想政治素养、人本素养、知识能力、工作态度等的基本考察。其次,加强对德育过程和工作效果的评价。评价内容可包括德育课程的方法是否有效、是否紧跟时代发展,德育教师是否真正做到教书育人,受教育者对德育课程的看法,教育主管部门及社会其他群体的反映等。最后,在评价方法方面,结合国内外通用的评估方法——定量法和定性法,根据一定时期的德育内容进行相应的评估考察,建立有效可行的评估体系。

第四节 福建高职院校职业教育中融入传统文化的具体措施

新形势下,职业教育中融入传统文化是时代的需要,学校要采取灵活多样的方式,开展丰富多彩的活动。进行传统文化教育要抓住把手、突出细节、有的放矢,促进学生的全面发展,具体措施如下。

一、强化校园环境建设，创造良好文化氛围

高职院校一定要根据自身实际，加强对传统文化思想价值的挖掘和阐发，维护民族文化基本元素，把握传统文化的核心理念，真正将传统文化融入人文素质教育中去，让高职学生通过传统文化的学习，了解传统文化的脉络，掌握传统文化的精髓；一定要以促进学生全面发展为宗旨，确定以学生为中心的传统文化教育工作思路，提出"大力弘扬中华优秀传统文化，加强特色职业校园建设"的工作目标，围绕"传承中华传统文化精髓，弘扬中华传统美德"的教育教学理念，注重用中华优秀传统文化教育加快学生文明礼仪习惯的养成，以"传统经典文化的渗透促进学生内心的道德生成"；一定要重视教育全体师生养成报效国家、服务企业、感恩父母的良好品质，凝聚全体师生员工的职业精神，提高教育教学的工作效率，将传统文化精髓贯穿职业教育教学全过程。这不仅可以提高高职学生的文化素养，而且可以提高民族自信心和社会责任感。

开展多渠道的传统文化教育活动，以学校道路、建筑和景物布局作为学校传统文化建设的物质载体，为道路、建筑和景观命名，体现出传统文化和职业学校专业的特点。在校园里设置文化长廊，两侧悬挂体现中国传统文化道德、当地历史名人、历史文物之精华的展牌。构建文化墙，设置名人塑像（结合历史贡献阐述），在教学楼和宿舍楼的走廊设置古代诗词、名人名言展板和师生美术作品等，使校园处处沐浴在中国传统文化的雅韵之中，形成"每走一步皆思考，每个角落皆教育"的文化氛围。校园广播利用上课前、大课间和课外活动时间宣传优秀传统文化，每天定期播放《弟子规》等国学经典内容。利用每次国旗下讲话时间，集中开展国学经典原文诵读；根据经典原文绘制精美图画、手抄报、黑板报，对教

室及学生宿舍进行文化布置。在校园网站开辟"传统文化教育"论坛,师生充分利用网络进行互动沟通,开展网上思想文化状况调查,做好学生道德思想教育工作。

二、开设传统文化课程,逐步提升师生素养

2014 年 6 月《国务院关于加快发展现代职业教育的决定》、2015 年 7 月《教育部关于深化职业教育教学改革全面提高人才培养质量的若干意见》中,明确提出要加强文化基础教育,发挥人文学科的独特育人优势,加强公共基础课与专业课间的相互融通和配合;规范公共基础课课程设置与教学实施。并要求把中华优秀传统文化教育系统融入课程和教材体系,在相关课程中增加中华优秀传统文化内容比重。建设独具特色的传统文化课程,完善传统文化课程体系,是培养学生人文素质、提升学生综合职业能力和未来可持续发展能力的教学保障。课程是实现教育目标最基本、最重要的元素,建构传统文化教育课程体系,是培养高职学生人文素质,最终实现"全人化"教育理念的有效途径。不同的地区孕育着不同的传统文化,延续着不一样的文化传统。高职院校在设置传统文化课程时,不仅要把优秀的民族传统文化融入课程体系,也要涵盖优秀的地方文化,中国传统文化课程应该兼具民族性和地方性特色。一方面,高职院校要创造条件,开设经典诵读、中华礼仪、传统技艺等中华优秀传统文化课程;另一方面,各地、各职业院校要充分挖掘和利用本地优秀传统文化教育资源,开设专题的地方课程和校本课程。因此,除了设置正式结构的中国传统文化课程外,福建高职院校应充分发挥福建省区域优势,开发利用当地的非物质文化遗产和多元的历史文化景观,建设独具特色的非正式结构传统文化课程:带领学生参观考察当地历史文化景观,指导学

生观看欣赏具有传统文化氛围的艺术表演,邀请专家学者和民间艺术家到学校开设有关民族传统文化和地方特色文化的专题讲座,组织学生开展有关民族文化传统的竞赛活动,发掘并运用民族传统文化的优秀资源,建设独具特色的校园文化。

优秀传统文化的内容和形式是不断发展的,大陆高职院校对中国传统文化课程的建构,既要强调经典教育,又要将传统文化还原到它自身的发展脉络中去,并从前瞻性、批判性的角度重建传统文化的发展,使学生在传统文化的发展洪流中清楚准确地找到自身的定位。当代人类文明正处于各种冲突中,如东方与西方、现代与后现代、科技与人文的冲突,无论是何种冲突,就某一意义而言,无非都是人性中各种价值取向之间的激荡。因此,对传统文化课程的规划,不应该预设任何单一的立场,而应该兼收并蓄,在中国传统文化与其他文化对比的脉络中,重新建立对自己民族文化传统的认识和理解,并将反映人性真实美好的愿望、追求自我超越的文化知识与技能都一并纳入课程设计的考量中。中国传统文化教育可以以多样性的课程来呈现,但是在教学内容上应该紧密地辐辏在唯一的主题之上,即以引导学生建立关于自身的完整认识、促进学生个体全面和谐发展为目标。因此,一方面,传统文化课程建设要寻找与其他学科的各种共性,使学生能够触类旁通,不至于陷入偏激的思想中;另一方面,传统文化课程的设计不应仅仅注重知识与理论的灌输,还要注重多彩的课外生活,重视学生对问题的敏锐度的培养,以及解决问题的思维能力的提升。换言之,传统文化教育不是让学生单纯地学习和传承知识,而是让学生在知识理论的探索和情意美感的涵养中,建立起对文化知识的感知能力,使学生具备独立思考、分析问题、解决问题的创造性心灵,拥有分辨是非的智慧和包容一切的人文情怀。

三、成立文化诵读小组，开展经典读书活动

学校成立文化诵读小组，组织师生开展"文化校园，文化家庭"读书活动。教师学生共读书，父母子女同学习。根据传统文化内容难易程度，对学生分层次开展诵读经典篇章活动：一年级诵读《弟子规》《三字经》《千字文》《百家姓》《千家诗》《中华传统礼仪》等①，二年级诵读《大学》《论语》《中庸》《孟子》，三年级诵读《老子》《史记》《资治通鉴》等的经典篇章，还可选择诵读古诗词和经典文言文。学校可以通过多媒体辅助集体诵读、小组比赛、个人风采展等形式激发学生的学习动力。通过给家长和学生的公开信、为家长推荐阅读书目，促进学校与家庭诵读结合，既能让读书的风气感染更多人，又能使家庭关系变得更加和谐，从而保持并不断扩大学生的诵读成果。传统文化经典诵读，不仅使学生在潜意识里能吸取传统文化的精华，也使学生的人文素质和精神气质得到不断提高。

四、成立各种学生社团，传承传统文化精华

根据学生的兴趣爱好成立蕴含中国传统文化精华的各种学生社团组织，如中国象棋、围棋、书法、武术、舞蹈、集邮和美术等协会。协会可以聘请专业教师开展各种讲座、培训和指导，让学生从中探知中华民族文化的瑰宝，体味、领悟中华传统文化的魅力，达到传承传统文化精华的目的。

例如，集邮协会可以开展"小小邮票，爱国情深"主题系列体验

---

① 李斌强.经典素读成就经典人生[N].中国教育报,2012-12-24.

教育活动,以集邮知识体现的中国传统文化和审美教育为内容,开展"爱我中华,爱我职校"集邮活动周。其间,举办集邮知识演讲、集邮书法比赛、作文比赛、知识竞赛等,让学生通过"方寸邮票"深刻了解中华优秀传统文化的博大精深,从而感悟人生,激发爱国热情。美术协会可立足于中国传统文化的大背景来解读和分析美术现象、美术家和美术作品,在扩展学生文化视野广度的同时,进一步激发学生对中国传统文化的积极认知和真诚热爱。书法协会可以以中国古代的书法艺术为切入,使学生通晓以汉字为载体的书法艺术的发展史,从而加深学生对中国传统文化的认识。

五、传统文化与企业文化的融合

就业指导是高职学生传统文化教育工作的重要环节,目的是帮助学生了解现实的人才需求,了解企业的特点,调整自己的知识结构,以适应就业竞争。把优秀的传统文化和企业文化融入就业指导和职业生涯规划指导中,让学生把"遵守规程"与"遵纪守法"对应起来,把"流水生产"与"团队合作"对应起来,把"完成工序"与"履行义务"对应起来,引导学生在职业技能实习过程中,一点一滴地养成良好的职业习惯,进而形成良好的职业道德。在实习后,由德育教师和专业教师共同配合,对实习报告进行汇总并进行有针对性的指导,帮助学生解除困惑,树立正确的职业理念,增强社会适应能力。

六、通过校园第二课堂,体会传统文化生活

开展"文明与我同行,文化受益终身"系列活动,争创文明标兵。设立校园文明岗,组织学生开展尊师礼仪、集会礼仪等活动;

开展"学生素质发展七个会"活动,即会抖空竹、打乒乓、练书法、学绘画、下象棋、拉二胡、看京剧等传统典型才艺和中华优秀传统文化符号;列出高职学生必须观看的全面了解中国历史的影视作品;组织学生参加一些能引起心灵震撼的公益性活动、艰苦的劳动,经受有限度的挫折。根据"文明"的内涵目标,认真做好新时期传统文化教育工作,探索出一条适合高职院校传统文化教育的新思路。在中华优秀传统文化教育中,高职院校要坚持"端正态度、消除误解、取其精华、去其糟粕"的原则,清醒地了解中国传统文化,充分发挥传统文化中与中国特色社会主义建设相适应的方面,剔除不利于社会进步的内容,批判地继承传统文化,吸收西方好的文化元素,以补充我国的文化,创造一种真正适合我国职业教育的文化。只有这样,才能更好地继承和传承中国传统文化,真正有利于提升我们的自身道德水平。

高职院校职业教育中融入传统文化是一个潜移默化和循序渐进的过程,具有长期性、内在性、复杂性和反复性。只有充分认识理解传统文化精髓的特性,寻找并抓住高职教育的内在规律,结合新形势下的学生现状,持之以恒,讲求实效,运用爱心、信心、恒心和耐心,才能真正创出一条高职院校传统文化教育的新路子。

第五节 福建高职院校实施传统文化教育的意义

加强中国传统文化教育,是高职院校培养学生人文素质,培育全面和谐发展之人才的有效途径。对高职学生进行传统文化教育,有利于促进其发展健全人格,建立正确的伦理价值观念,发展和谐的人格魅力,培养优雅的审美情趣,拥有平和的心态和愉快的心境。1999 年 6 月,中共中央国务院《关于深化教育改革全面推进素质教育的决定》提出:要有针对性地开展爱国主义、集体主义和社会主义教育,中华民族优秀文化传统和革命传统教育,理想、伦理道德以及文明习惯养成教育,中国近现代史、基本国情、国内外形势教育和民主法制教育。作为文化教育的主阵地,高等学校要承担起培养具有高尚的情操、健全的人格、完美的道德、开阔的胸怀和有责任感的一代新人的重担。"素质是立身之基,技能是立业之本",高职院校应树立培育全人的教育理念,对学生进行道德、艺术、人文教育。"中华优秀传统文化是中华民族语言习惯、思想观念、情感认同的集中体现,凝聚着中华民族普遍认同和广泛接受的道德规范、思想品格和价值取向,具有极为丰富的思想内涵。""加强中华优秀传统文化教育,对于引导青少年学生增强民族文化自信和价值观自信,自觉践行社会主义核心价值观具有重要作用,是落实立德树人根本任务的重要基础;对于继承和弘扬中华优秀传统文化,推动文化传承创新,建设社会主义先进文化具有重要作用。高等职业教育阶段,要深入学习中国古代思想文化的重要典籍,理解中华优秀传统文化的精髓,强化学生文化主体意识和文化创新意识,引导学生完善人格修养。"

一、中华优秀传统文化为福建高职院校提供丰富的教学资源

2017 年 1 月,中共中央办公室、国务院办公厅印发了《关于实施中华优秀传统文化传承发展工程的意见》,指出中华优秀传统文化教育"应贯穿国民教育始终。围绕立德树人根本任务,遵循学生认知规律和教育教学规律,按照一体化、分学段、有序推进的原则,

把中华优秀传统文化全方位融入思想道德教育中"。① 思想道德修养与法律基础课作为高校思想政治教育的主阵地,既承担着"立德树人"的主要教育任务,也担负着传承和发展中华优秀传统文化的重要使命。如何将中华优秀传统文化融入思想道德修养与法律基础课教学中,审视二者在融入过程中存在的问题,探索切实可行的融入路径,不仅是传承和发展中华优秀传统文化的重要方面,也是新时代下加强基础课教育的有效举措。

中华优秀传统文化是中华民族在历史发展中形成的具有普遍认同的风俗习惯、道德规范、价值观念。中华优秀传统文化蕴含着丰富的思想观念、人文精神,为通识课程提供诸多教育资源和可借鉴的内容。习近平总书记强调:"中国传统文化博大精深,学习和掌握其中的各种思想精华,对树立正确的世界观、人生观、价值观很有益处。"②中国传统文化内涵极其丰富,如何根据当前通识课程的特点和任务,攫取合适的内容是做好传承与发扬中国传统文化的关键。习近平总书记在中央政治局第十三次集体学习时强调:"中华传统美德是中华文化精髓,蕴含着丰富的思想道德资源。"其中有老庄之道、儒家思想等诸子百家之学,也有外来并中国化的佛教文化。中华优秀传统文化是中华民族的精神内涵,在社会主义现代化建设过程中,无论是物质文明建设还是精神文明建设,都需要继承和发扬中华优秀传统文化。中华传统美德主张追求精神境界,向往理想人格,如孔子的"恭、宽、信、敏、惠",孟子的"富贵不能淫,贫贱不能移,威武不能屈"等,与思想道德修养与法

---

① 关于实施中华优秀传统文化传承发展工程的意见[N].人民日报,2017-01-26(6).

② 习近平.在中央党校建校 80 周年庆祝大会暨 2013 年春季学期开学典礼上的讲话[N].人民日报,2013-03-07.

律基础课对学生的理想信念教育以及人生观、价值观的教育具有相通性；中华传统美德推崇"仁爱"的原则，孔子强调"和为贵"的思想，提倡人伦价值，重视人在人伦关系中的地位及其价值的观点，与通识课程对学生进行社会公德、家庭美德和个人品德的教育有高度一致性；中华传统美德中关于重视整体利益，天下为公的思想，如孟子强调"穷则独善其身，达则兼济天下"，这是中国传统文化和思想道德修养与法律基础课在教育内容上的重要结合点。

中华传统美德根植在中国人内心，潜移默化地影响着中国人的思想和行为方式。今天，我们提倡和弘扬社会主义核心价值观，必须从中汲取丰富营养，否则就没有生命力和影响力。社会主义核心价值观是对中华传统美德的一种继承、创新和发展。中华优秀传统文化中的美德资源可以从思想认识上、道德观念上、行为规范上，为社会主义核心价值观的培育提供支撑。把社会主义核心价值观与优秀传统文化结合起来，既有利于优秀传统文化的传承与创新，又能赋予社会主义核心价值观更深邃的内涵。

中华传统美德重视个体道德修养，蕴含着高尚的道德境界。道德建设离不开人们自我修养的提升。中华优秀传统文化极注重个体的道德修养，从《大学》中"大学之道，在明明德"的思想，到仁义礼智信、温良恭俭让的行为准则，再到"志于道，据于德，依于行，游于艺"的自我修炼法则，以及仁爱友善、重义轻利、诚实守信等价值观念，都有力地证明了这一点。大力发掘和弘扬这些优秀道德文化，对于引导人们形成善良正直的道德观念具有十分重要的意义。

中华优秀传统文化对提升当代学生的思想境界具有积极的作用。从"载舟覆舟"的人民观点，到"鞠躬尽瘁，死而后已"的勤勉精神，再到"国而忘家，公而忘私"的奉献意识，以及"公生明，廉生威"等思想，都是优秀传统文化中蕴含的丰富的思想道德境界。优秀传统文化中的廉洁思想、公道意识、为民情怀,对于培育全心全意为人民服务的师资队伍、培养清正廉明的高尚品德具有重要作用。中华优秀传统文化关于人生哲学的相关论述中包含了许多做人、做事的道理,蕴含了丰富的家国情怀。这些内容对学生的价值判断和选择、道德水平的提高有着潜移默化的作用,是通识课程内容的补充和提升。除此之外,中华优秀传统文化在理论学习和道德修养上注重言传身教、强调知行合一的教育理念,重视理论学习与身体力行缺一不可等思想,为通识课程在教学方法的选用上提供了有价值的借鉴。

中国传统文化实际上是一种伦理文化,即"崇德"文化,将先贤哲人作为理想人格的典范,激励人们加强道德修养,健全人格操守,明确人生目标,实现人生价值。其作为一种特殊的思想资源和教育资源,蕴含着丰富的爱国主义思想,如"天下兴亡,匹夫有责""路漫漫其修远兮,吾将上下而求索""留取丹心照汗青";诚信做人的思想,如"言而有信,敬事而信";此外还包括尊长爱幼的公德精神、忠于职守的敬业精神、勤劳廉正的勤廉精神、知耻自律的慎独精神、慈善宽容的仁爱精神等。这些传统文化精髓能够丰富高职院校德育的内容,增强其吸引力和感染力,从而有利于学生健全人格的塑造和民族性格的养成。

二、中华优秀传统文化为福建高职院校提供有效的育人途径

我们要充分利用通识课程的优势和特点开展中华优秀传统文化教育,通识课程在当前福建高职院校中具有稳定的地位,是思想政治教育工作"主阵地"。同时通识课程具有稳定的师资队伍,在授课内容、学时安排、考核方式等方面都有较为成熟的体系。这些优势对中华优秀传统文化的传承、践行、认同与弘扬具有极大的推

动作用。

当然强调将中华优秀传统文化融入通识课程中，主要目的是在教育教学过程中更好地实现育人效果，其价值旨在"育人"，而不仅是"教学"。因此，不能单纯从提升课堂教学实际效果，或增加中华优秀传统文化知识的角度来理解"融入"问题，如果我们把教授中华优秀传统文化内容理解为是对中国古代历史文化的灌输，或期待通过这种知识灌输，来提高课堂效果，既无法真正地弘扬中华优秀传统文化的内在精神，也无法实现传统文化浸润人心的作用，更难以实现"育人"的目标。

当前有些高职院校思想政治理论课教师在教学中只重视传统的说教，在教育过程中重"教"轻"育"或重"理论"轻"实践"，缺乏"教"与"育"、"理论"与"实践"的相互融入。这种方式对思维活跃、容易接受创新性学习内容和学习方式的学生来说，很难激发起学习兴趣和情感共鸣，也难以促进其对中华优秀传统文化的理解与认同。

当代学生由于价值取向的自我化和价值标准的实用化，往往会对传统德育工作中采用的单一性的"我讲你听""我教你做"灌输式教育方式产生厌烦情绪，德育工作者说教得越多，越不被学生所接受，德育工作的效果也就越差。而传统文化教育作为一种隐性的教育活动，遵循着尊重和真诚的原则，鼓励学生融入历史文化中去感受传统知识的力量，是以学生为中心的强调参与性而非指导性的教育模式，可以激励学生树立新的价值观，积极投入生活、学习中去，在潜移默化中加深对社会的责任感和自我的道德约束。高职院校德育工作者完全可以借鉴和充分利用传统文化教育的优势，从历史、文化的角度，以共同学习的身份对学生进行启发式的德育工作，发挥当事人的主体能动效应，促使德育"动之以情、晓之以理、导之以行"的工作方针落到实处,从而为德育开辟一条新的有效的工作途径。

三、中华优秀传统文化为福建高职院校提供形式多样的德育载体

在福建高职院校通识课程的教学中,如果教师按照课件的内容原封不动地在课堂上讲授中华优秀传统文化,就会让学生觉得枯燥无味。教师要转变枯燥的教学思维方式,改变缺少互动的课堂教学现状。教师也可根据课程内容,如在传承中华传统美德,注重家庭、家教、家风的实际授课中采用访谈式教学、微视频创制比赛等。这些课堂实践教学方式让学生能够亲身参与体验。此外,教师还可以组织学生参加校外社会实践活动。中华优秀传统文化根植于社会中,教师组织带领学生通过参观、考察,或利用专业实习、暑期社会实践活动等形式,发挥中华优秀传统文化对当代学生思想、观念及行为的指引作用。在这个过程中,学生在对中华优秀传统文化逐渐了解、认同的同时,也不断地把传统文化所包含的传统美德转变为个人的道德行为。教师可利用传统文化与学生理想信念、价值观念等相关内容,设置学生主题演讲、辩论等活动。通过学生自身的参与和思考,不仅提高了学生对理论知识的理解,更重要的是培养了学生分析、判断和解决问题的能力。教师要善于突破传统思维方式的限制,利用多种在线平台增加与学生的沟通,了解学生的思想动态,发挥课上课下、线上线下的教育合力。

中华优秀传统文化重视爱国主义教育、集体主义教育和思想品德教育,有利于提升当代学生思想境界的内涵。以儒家文化为主导的传统文化,历来以群体为本位,以社会价值为导向,崇尚个人伦理、家庭伦理和社会伦理,主张"自天子以至于庶人,一是皆以

修身为本",强调教育以培养"君子"人格和实现"治国平天下"为最终目标;倡导刚健有为、自强不息,忠贞爱国、兼济天下,具有强烈的忧患意识和鲜明的爱国主义精神。这种传统文化精神对于我国当今高等教育培养目标的制定与实现都产生了积极的影响。从管理模式来看,我们的高等教育受传统的大一统思想和权威观念的影响,在宏观管理与微观管理方面都侧重于集权管理与行政导向,这种管理模式有利于国家运用行政力量监督、调整和控制高等教育的宏观运行,集中有限的人力、物力和财力,办好高等教育,为现代化建设培养有用人才;而且,有利于保证人才培养的政治方向、目标和质量。从课程设置来看,在人才培养过程中,传统文化以正式课程和潜在课程的方式产生影响。正式课程包括文史哲等中国传统文化的课程,以知识形态进入高等教育培养过程,陶冶受教育者的民族情感,提高他们的民族文化素养,促进人才成长。潜在课程包括教育者的价值观、人才观、知识观、教育与教学方式方法、师生关系、校园文化氛围等,以观念形态进入培养过程,对受教育者产生潜移默化的影响。中国传统文化的"文道统一""德智统一"的人才观念,在高等教育人才培养中,既注重传授知识,又重视引导学生如何做人,有利于人才全面发展。但是"重整体轻个体""重积累轻发现""重趋善轻求真""重应试轻科学"等指导思想和传统观念制约着人才培养,使高校培养出来的人才缺乏创新能力,也缺乏独立的个性和科学精神。传统文化作为观念形态不仅直接制约高等教育发展的深度和广度,而且作为教育与经济、政治因素之间的媒介,也间接影响高等教育的质量。传统文化教育作为高职院校德育的重要内容,是指德育工作者充分利用传统文化资源,将其融入高职院校德育的内容中,让传统文化教育承载一定的德育功能。当代德育根植于中国传统文化的土壤之中,应当积极地吸取传统文化的精华,充分利用传统文化服务于德育,特别是高职院校德育作为一项培养学生正确的理想信念和高尚的道德品质,使其思想和道德更适应社会发展、经济进步需要的教育活动,能否真正发挥自己的优势,其关键在于能否从中华优秀传统文化中吸取营养,使其自身蕴含丰富的文化内涵和文化精神。因此,以传统文化为载体是保证高职院校德育有效性的前提条件。同时,由于传统文化具有渗透性强、形象生动等特点,以传统文化作为载体,可以使高职院校的德育工作更富吸引力,更易为学生接受。

四、中华优秀传统文化进校园、进课堂

近年来高职院校学生的思想政治状况虽呈良好态势,但与普通高等学校相比仍有较大差距。许多学生对中华民族优秀传统文化缺乏深入了解,部分学生偏离了中华民族优秀传统文化的价值取向,存在急功近利等错误思想,优秀传统文化在高职院校德育中存在缺失现象。近年来,我国将清明节、端午节、中秋节和春节等传统节日增列为国家法定假日,教育部将传统文化经典纳入规划课题并修改教材,各大高校也先后开设各种类型的传统文化教育课程,这一系列举措促进了我国传统文化教育的较快发展。然而,从高职院校的德育现状来看,中华优秀传统文化在德育工作中运用甚微,对学生的影响程度有限,教育效果不容乐观,这表明高职院校德育的实效性有待提高。加强传统文化教育,引导学生学习传统文化精髓并使之内化为自身的思想道德素质,可以促进高职院校的学生不断提升自我,牢固树立正确的世界观、人生观、价值观,胸怀远大理想,陶冶高尚情操,培育科学精神,立为国奉献之志,立为民服务之志,从而提升德育的效果。胡锦涛在庆祝清华大学建校 100 周年大会上曾语重心长地提出:"希望同学们把文化知

识学习和思想品德修养紧密结合起来……认真学习中华优秀文化和人类文明成果，夯实理论功底，提高专业素养，努力用人类创造的一切文明成果丰富自己。"

（一）通过高校的传统文化课程，弘扬传统文化

中华文化博大精深，包括语言文字、文学艺术、历史、哲学、教育等，含有丰富的人文知识和杰出的文化精神，是高等学校加强大学生人文素质教育必不可少的内容。高校利用自身学科众多、人才密集的优势，能够对传统文化进行广泛而权威性的选择，设置传统文化课程，通过教学活动，使之得到继承和发展。

近年来，随着传统文化热的兴起，高校的中国传统文化教学日益发展。目前除了传统的文史哲专业教学，高等学校许多专业普遍增设了大学语文、中国历史讲座、中国艺术欣赏、中国传统文化概论、传统文化与现代管理等一系列有关选修课程。越来越多的高教教育工作者认识到，应该"让优秀的传统文化，包括传统的美德、教育思想和方法以及文学艺术进入学校、进入课堂"。[①] 中国传统文化教学不仅具有育人作用，更具有弘扬优秀民族文化的作用。尽管在科技发展和市场经济冲击下，传统的人文学科受到冷落，但是，加强传统文化教学已成为中国高等教育发展的重要趋势。在促进中国传统文化发展过程中，高等教育担负着义不容辞的责任。

（二）通过高校的中国特色社会主义理论体系之教学、思想政治工作和校园文化建设，促进传统文化与当代优秀文化结合

建设中国特色社会主义理论体系需要吸收包括中国传统文化

---

① 龚书铎.略谈中国教育现代化的演进[J].北京师范大学学报（社科版），1995(5).

在内的人类一切优秀文化财富。高等学校通过中国传统文化课教学和思想政治工作、校园文化建设等教育活动,把传统文化精华与现代先进思想文化结合起来,培养出具有中国特色社会主义理论素养和中华优秀传统文化品格的新型人才,从而实现传统文化的更新改造。

（三）通过高校的科学研究,促进传统文化创新转换

高等学校不仅是教学中心,也是科学研究中心,能够对中国传统文化进行广泛深入的研究。通过整理、挖掘传统文化资料,多层次探讨中国传统文化的生成机制、演化轨迹、发展规律、性质与特征、作用与影响,为发展传统文化创造条件。高等学校的科学研究处于当代学术发展的前沿,与社会文化联系密切,能够根据时代发展的要求,对传统文化辨析分离,扬弃那些不符合时代要求的旧的文化成分,保留其合理的文化内核。对于那些在历史上曾经发挥过积极作用的优秀传统文化,也要进行重新诠释,赋予新的时代内涵。例如,传统文化中儒释道互补,各有所长。儒家的修身、齐家、治国、平天下的入世思想,道家的"道法自然",尊重个性发展,重视自然科学知识和辩证思维的传统,佛教哲学的理论思辨精神,经过综合创新,可以转化为当代需要的文化资源。

（四）通过高校的国际文化交流,促进传统文化与外来文化融合互补

"物质生活的生产方式制约着整个社会生活、政治生活和精神生活的过程。不是人们的意识决定人们的存在,相反,是人们的社会存在决定人们的意识。"人们从现实社会的需求中对本国传统文化和外来文化加以继承、吸收。改革开放以来,高校中外文化交流的窗口与纽带作用日趋显著。高校通过进行中外语言文化教学,翻译介绍中外名著,举办国际学术研讨会,互派留学生,从事短期

国际学术访问和学术研究,促进了中外文化,特别是中西文化的交流、融会与互补。中外互派留学生数量日增。在"一带一路"倡议下,福建高校出国留学人员和来闽留学生都逐年增加。在中外文化交流过程中,外来文化,特别是世界先进国家的科学技术、管理方式、法治观念、科学精神、民主意识等值得我们学习与借鉴,其能够弥补中国传统文化的不足。中国也有善于吸收及融合外来文化的优良传统。高校国际文化交流活动促进了中国传统文化走向世界。近年来,高校多次举办有关中国文化与中国哲学、儒学、道家、佛学、华文教育等的国际学术研讨会,促进了中国文化的对外传播。笔者2019年8月去日本考察学习时,有幸参加由北京华文教育中心牵头,山西省人民政府侨务办公室负责人率领的山西省优秀教师到日本东京千代田教育集团给东京华人讲授中华文化的讲座。"团结统一的中华民族是海内外中华儿女共同的'根',博大精深的中华文化是海内外中华儿女共同的'魂',实现中华民族伟大复兴是海内外中华儿女共同的'梦'。"这是习总书记对世界华文教育传播中华文化的评价和肯定。

第六章　加强闽台教育交流合作

　　随着海峡两岸交流的日益增多,在当前阶段,以中国传统文化的继承发扬为核心,以海峡两岸地域文化的交流为特色,以两岸教育、文学艺术的交流为主要内容,以两岸间各类文化节、艺术展、学术研讨会等为交流和展示平台的两岸文化教育交流合作多元新格局基本形成。在这一新格局中,位居海西建设前沿的福建省,充分利用"五缘"优势,把握难得的历史契机,创新思路,先行先试,为实现两岸更深层次、全方位的交流与合作奠定了良好基础,对当前的海峡西岸经济区建设以及进一步加深两岸关系的和平发展,都具有深远的意义。

　　近年来,随着两岸和平发展进程的推进,海峡两岸教育文化交流也呈现如火如荼的景象,并取得了一系列显著的成果。特别是在高等教育领域,有着不俗的表现。不过,在海峡两岸教育交流合作取得良好成绩的同时,我们也应对存在的一些问题进行反思,并针对这些问题提出解决的措施。

第一节　两岸高等教育交流合作的问题

　　早在 1985 年,设在泉州的华侨大学便率先招收了第一名台湾地区的学生,至今已逾 30 年。当下,海峡两岸文教事业交流局面呈现出全新的发展气象,海峡两岸之间高等教育领域的交流与合作也进入了一个全新的发展阶段。海峡两岸高等教育该如何在已有的良好互动的基础上,创新思路,共创两岸高等教育交流合作的崭新局面,是值得我们思考和探索的重要课题。当前,海峡两岸高等教育交流和合作主要有以下几个问题,值得我们重视。

一、台湾地区学生赴闽入学门槛低,管理松散

闽台两地一衣带水,"五缘"文化深厚,不少台湾地区学子因为语言、习俗和文化各方面的便利,选择到福建高校就学。特别是近年来方兴未艾的博士生层面的培养,福建一些高校如厦门大学、福州大学、福建师范大学、华侨大学、福建医科大学、福建中医药大学等都吸收了不少台湾地区学子进入博士层面的学习和培养。例如,厦门大学每年招收台湾地区博士生约 15 名,但是招收的门槛很低,甚至是免试入学。这些博士生不少年龄偏大,是在无法考取台湾地区的博士资格情况下才转而投机福建的"优惠政策",因此,生源并不理想。另外,博士生入学后,学校的管理也较为随意和松散,任由这些博士生"自由行动",有些博士甚至长年不见"踪影",最后都能顺利地毕业和获得博士学位。所以,这样的制度培育出的台湾博士生,被各界认可和接受的程度不高。

二、福建高校教育水平与台湾地区存在差距

台湾地区高校众多,"广设大学"让更多学生有机会接受高等教育。台湾地区的教育高度发达,目前成人识字率达 96％以上,高等学校学生入学率超过 70％,是世界上最高的地区之一。大学

学制方面则更有弹性，并朝着多元方向发展，比如考招分离；学程取代学系制；学位认定多元化，采取学术与专业双元认定标准；一学年两学期的学年学分制也视学校需要调整为三学期制或四学期制等。当前，台湾地区高校正朝着精致化、特色化和国际化等方向发展，取得一定的口碑。相比之下，福建高等教育所呈现的却是层次、水平参差不齐，特色不明显、国际化程度不高等缺陷，故而与台湾地区高等教育在对接上还存在诸多短板。福建省高等教育自身发展的相对薄弱性也在一定程度上影响了海峡两岸交流合作的进程。与大陆其他一些省市尤其是沿海的省市相比，福建省依然属于东部经济发达地区中的教育薄弱区。因此，有些台湾地区人士甚至认为福建省在高等教育上无法对等地与台湾地区进行交流合作。

三、福建高校对台合作与其他省份存在差距

在与台湾地区教育交流合作的发展进程中，福建省虽然占据天时地利人和的优势，但在有些地方，与其他省份相比做得还不够到位。因此，其他省份的实践措施或许可以给我们一些启示。

以浙江省为例，浙台教育交流颇有成效。浙江大学与台湾地区的清华大学、成功大学、辅仁大学、中山大学、台湾大学、交通大学等高校签订合作协议，合作的内容广泛，涉及教师互访、学生互换、科技合作、学术交流等方面；宁波大学与朝阳科技大学、致理科技学院、中国文化大学、台湾大学（工学院）、侨光技术学院、台湾海洋大学、台北海洋技术学院、基隆崇右技术学院、万能科技大学等高校签订合作协议，每年坚持在师资互派方面与台湾地区高校开展深层次的合作。可见，两者交流的层次还是比较高的。浙江还积极打造"名人效应"，促成人员往来。2010 年，浙江省省长吕祖

善率领省政府代表团访问台湾地区,浙江省应邀赴台的交流团组共近 1300 个 9000 余人次;中国国民党荣誉主席连战、吴伯雄,中台禅寺惟觉长老,台湾地区文化名人李敖等人士或团组共 58 批 1000 余人次来浙参访。2010 年,浙江省成立了浙台教育中心。另外,在教育实践活动层面,浙江省也积极创新,取得不少成绩。

以广东省为例,广东省台办、省教育厅与台湾中山大学、暨南国际大学等高校建立长期互动机制,共同研究、规划和推动粤台教育交流。从 2005 年开始,广东连续七年在粤台两地轮流举办了七届"海峡两岸高等教育论坛",探讨两岸教育的发展模式和交流合作机制。国家和地方的教育政策,为粤台高等教育合作确定了具体的方向。《国家中长期教育改革和发展规划纲要》提出,加强与台湾地区的"教育交流与合作。扩展交流内容,创新合作模式,促进教育事业共同发展"。《广东省中长期教育改革和发展规划纲要》提出:"加强粤台教育交流与合作。积极创新粤台教育交流合作机制,拓展交流渠道,广泛开展粤台人才培养合作和学术交流。"近年来,粤台高校之间的交流已经非常活跃,取得了不少成效,如学生交流交换、学者互访讲学、通识教育研究、教育政策研究、两岸关系研究等。

表 6-1　大陆招收台生之重点大学一览表(部分)

大学名称	招收台生	211 工程	985 工程	备注
清华大学	◎	◎	◎	A
北京大学	◎	◎	◎	A
南京大学	◎	◎	◎	B
复旦大学	◎	◎	◎	B
浙江大学	◎	◎	◎	B

续表

大学名称	招收台生	211 工程	985 工程	备注
中国科技大学		◎	◎	B
上海交通大学	◎	◎	◎	B
南开大学	◎	◎	◎	C
北京师范大学	◎	◎	◎	B
中国人民大学	◎	◎	◎	
西安交通大学		◎	◎	B
中山大学	◎	◎	◎	C
武汉大学	◎	◎	◎	C
哈尔滨工业大学	◎	◎		
厦门大学	◎	◎	◎	C
福州大学	◎	◎		
福建师范大学	◎			
华侨大学	◎			
福建医科大学	◎			
福建中医学院	◎			

说明:A 指列名 985 工程世界一流大学;B 指列名 985 工程一流大学;C 指列名 985 工程知名大学。

与国内其他文化强省相比,福建仅有厦门大学被列入 985 工程知名大学行列,其他高校在台生眼中规格还不够高,这也是海峡两岸教育交流现状之一。台生首选还是那些 985 工程知名大学,这也对福建高等教育水平层次的提升提出了要求。

四、台湾地区学生赴闽入学偏重某些专业

近年赴大陆就学的台生越来越多,最多台生的为中医药专业,有千余名,其他专业有法律、政治、艺术等。就所有港澳台侨学生的专业选择来看,还包括文史哲、工商管理、经济、金融、会计、行政管理、国际关系、生物工程、计算机、建筑设计等。近年来,中医药专业有"退烧"的现象,企管与法政成为热门的专业。

自1985年华侨大学率先面向台湾地区招收学生,福建成为大陆最早招收台湾地区学生的省份,也开启了台湾地区学生的民族文化认同感教育探索。到1999年,闽南高校招收的台生累计已达846人,占福建全省高校招收台生总数的一半以上,占全国台生总数的1/4,形成了有进修生、预科生、函授生、本科生、硕士生、博士生在内的完整体系。教育界人士为了海峡两岸的交流,开启了赴台讲学或开展合作科研、学术交流等活动。厦门大学1998年召开了5场两岸学术研讨会;1998年,泉州师专(现为泉州师院)邀请台湾"中研院"院士李亦园等多位学者参加在泉州举办的"海峡两岸泉州学"研讨会;2005年,泉州师院再次邀请台湾地区高校的多位专家来闽参加"两岸四地私立高等教育比较"研讨会,共同探讨两岸教育交流与合作;1992—2004年,厦门市有几十批200多人次赴台考察。此外还有各种形式的夏令营活动也是两岸师生交流的重要途径。在闽台两岸教育界人士的共同努力下,福建第一批大学生共23名于2009年9月16日,成功搭乘"两马"航线班轮从福州马尾前往台湾,实现"去台湾上大学"的梦想。2009年秋季,福建又有14所高校的200名学生赴台就读,两岸高校互认学分。自2008年以来,经教育部批准,福建可以对台招生的高校有厦门大学、福州大学、福建师范大学、福建农林大学、集美大学、华侨大

学、福建中医学院、福建医科大学、漳州天福茶职业技术学院等9所。招生主要采取全国联合招生考试、单独招生考试和免试入学等方式。台湾地区学生前来福建求学升学的主要目的,首先是系统地掌握某种专业知识和技能,取得相应的学历文凭。在中医药大学以外的综合大学里,台湾地区学生的专业选择特点十分明显。他们主要选择的是应用型学科,特别是实用法律学、实用语言学、实用经济学等方面的专业,一般主修美式英语、日本语、国际经济法、市场营销等门类。这既体现了台湾地区学生的入学动机与学习目的,也反映出他们在毕业之后的去向和台湾岛内就业市场的行情。在今后的一段时间内,这种情况似乎不会发生太大的变化。因此,上述的几个专业门类可以作为对台招生的重点学科加以扶植。

第二节　两岸高等教育交流合作的建议

一、为推动海峡两岸高等教育交流,应建立两岸交流合作的制度性保障

党的十六大报告中,党和政府强调继承和弘扬中华优秀传统文化,加强传统文化教育。党的十八大、十九大报告也明确指出"建设优秀传统文化传承体系,弘扬中华优秀传统文化"。中华文化是海峡两岸文化交流的纽带,我们要以中华文化为纽带,促进两岸文化交流与合作,增强两岸共识。中华文化是大陆与台湾地区共同的财富,是两岸人民共同的精神家园。海峡两岸的中国人具有悠久的历史文化联系,两岸在语言文字、风俗习惯、伦理道德、宗

教信仰上都有许多共同之处。中华文化是联结两岸、避免分裂的强大精神纽带,是两岸和平发展的有力保证。尽管两岸的社会制度不同,政治意识形态不同,但两岸人民对中华文化的高度认同,是奠定祖国统一的文化基础。2013 年 5 月,中华书局宣布引进台湾地区的《中华文化基本教材》,在此教材基础上进行修订,出版国学和传统文化教材《中华文化基础教材》,内容以儒家经典"四书"为主。大陆的教育体系中将加强中国传统文化教育,借鉴台湾地区在中国传统文化教育方面的成功经验,提高人文素质,教育年轻人对追求真理有笃信之心,对优秀文化有向往之心,对传统文化美德有尊崇之心,对人民有仁爱之心,对大自然环境有敬畏之心,为构建和谐家园做贡献。

制度性保障是海峡两岸高等教育交流可持续性发展的坚实基础,目前这个基础还不甚牢固。根据厦门大学张宝蓉教授的研究,由于海峡两岸高等教育交流合作缺乏有效的制度性支持与安排,缺乏官方层面的直接对话和合作框架的指导,两岸高等教育互动难以朝向纵深领域发展,两岸高等教育的互补性也没法得到应有的挖掘和发挥。

第一,缺乏两岸共同认可的坚实的政策基础。据吴巍巍教授对福建省各级政府与教育主管部门的相关对台工作人员以及高校相关人员所展开的调查,多数受访者认为"政策不到位"是当前海峡两岸高等教育交流合作急待解决的重要问题之一。长期以来,由于受政治意识形态的局限,海峡两岸高等教育交流合作政策的制定缺乏有效沟通的宽广路径与对话空间,互信互利机制迟迟无法建立。虽然海峡两岸的专家、学者在各类学术研讨会或其他公开场合表达了推动高等教育交流的主观诉求,各界人士在互访中也广泛和深入地探讨了两岸高等教育进一步深入交流合作的议题,但至今两岸尚未对高等教育互动的相关规范签署共同协议,也未对两岸高等教育往来中存在的一些基础性问题,如高校学历学位互认、职业资格认证的对接、学分或课程的转换等签署相关文件。因而,已有的海峡两岸高等教育互动政策多数是单边政策,缺乏两岸的共同认可,所以执行效果并不明显。

第二,缺乏秩序建构与长效机制的建立,这是海峡两岸高等教育交流合作中存在的突出问题。主要表现在:

(1)海峡两岸高等教育交流合作中有些项目带有工具性、暂时性与权宜性的特点,可持续发展性不足。

(2)有些高校的交流合作协议存在重名头、重形式、落实程度较低、有序性不足的情况,双方的合作显得比较被动与盲目。

(3)质量监控不到位。高等教育互动中有关人员、项目等的质量监控基本上是依赖于双方事先的默许,导致两岸高等教育合作交流中有些项目的实际运行状况与目标计划产生冲突,要么教育合作交流项目质量欠佳,要么不被双方认可,使得各利益相关者的利益受损,甚至项目被迫终止,影响了两岸高等教育交流合作的可持续发展。

(4)海峡两岸高等教育交流合作项目名目繁多,有各种类型的论坛、研讨会、校际交流、学生交流和教师交流等,各地市举办得也相当频繁,但缺乏相应的统筹规划与管理。

根据张宝蓉教授的研究,福建高校有必要对此进行强力巩固。以制度创新为突破,建立海峡两岸高等教育交流合作机制。实现海峡两岸高等教育的制度化发展,建构海峡两岸高等教育交流合作机制应是提高海峡两岸高等教育交流合作的稳定性、规范性、安全性、紧密性和可持续性的关键。

为此,一要规范交流合作政策。建议海峡两岸教育主管部门在已出台的各类优惠政策的基础上，尽快通过谈判、协商，以协议或共同宣言等形式规定或规范两岸高等教育交流合作的政策，积极研拟并出台《海峡两岸高等教育交流与合作协议》或相关管理条例，明确双方合作的目标、内容、实现路径、合作方式以及双方的权利和义务等一系列问题。

二要建立合作办学机制。当前海峡两岸合作办学项目基本沿用中外合作办学或民办教育的相关法律、法规条文，没有体现出先行先试的特征。建议尽快研拟《海峡两岸合作办学实施细则》或《关于推进海峡两岸合作办学的若干规定》等相关文件，明确规定合作项目的产权归属、办学收益等问题；允许合作办学项目在办学用地、税收上享有与本地同等的优惠；对于参加合作办学的大陆合作方，也给予政策上的扶持和经费上的支持。

二、探索先行先试举措，组建海峡两岸高等教育交流合作的组织或合作实验园区

为了使海峡两岸高等教育交流合作能够扎实、稳健、深入地开展下去，需要一个长期、稳定和制度化的平台。因此，要组建一个由省政府领衔、各高校参与的海峡两岸高等教育交流合作组织。定期或不定期举行会议，商讨两岸高等教育互动中的相关事务，负责与两岸教育主管部门或利益相关团体沟通信息，负责制定两岸高教交流合作协定，出台对台合作办学条例和合作办学实施细则以规范对台合作办学的管理，推进两岸高校间的学分互换、学历互认，推动高校与政府、企业间的沟通，处理两岸高等教育交流合作的相关服务、推广、权益保护等事务。同时，可以尝试先行先试，设立海峡两岸高等教育合作园区。在平潭综合实验区设立两岸教育合作实验园区。联合"环台海经济圈"内重点大学、科研院所及高

新园区等的优势智力资源,探索两岸高校联合培养高层次应用型、技能型人才和联合开展高水平科技研究的新模式、新机制。

三、打造福建高等教育领域的拳头品牌,提升自身的办学水平

例如中医药专业这类对于台湾地区学生最具吸引力的学科专业,我们应当保持自身的优势,加大教育资源投入,让中医能更好地转化为社会生产力(如诺贝尔奖获得者屠呦呦利用中医原理提炼出青蒿素),将成果推广至全世界,走更加宽广的国际化道路(近年来越来越多外国留学生来福建学习中医药技术即是很好的注脚)。为此,相关管理部门可创造更好条件精心培育这些拳头品牌。同时,对于台生感兴趣的其他领域如金融、保险、企业管理等,做好引导和扶持工作。

四、深化海峡两岸高校合作办学的有效模式和做法,加强邻省区域之间的交流合作

在海峡两岸高等教育合作方面,实际上我们已经积累了不少好的经验。这些模式和做法可以进一步深入推进,如分段对接联合培养人才模式、"校—校—企"合作模式、增进学术交流和人员互访、吸引台湾地区优秀师资和博士毕业生来福建高校任教等。不过,我们也应看到,海峡两岸高等教育交流合作项目名目繁多,但缺乏相应的统筹规划与管理,这是今后可以改善的地方。福建周邻省份也在推进与台湾地区的高等教育的交流合作,其中好的经验和措施值得借鉴,如名人带动效应、解决台商子女教育问题等,我们也可以参考,并适时付诸实践。

五、引进台湾地区优秀师资

台湾地区高校拥有一支优秀的师资队伍。据台湾地区教育事务主管部门统计处网站统计数据,台湾地区 2008—2009 学年度职业院校中公立学校教师 4275 人,私立学校教师 17694 人,其中助理教授以上师资比例,公立学校为 77.1%,私立学校为 51.6%;具有博士学位师资比例,公立学校为 69.3%,私立学校为 43.3%。另外,2009 年台湾岛内共有大专院校 164 所,学生总数为 1337455人,其中高等职业院校 78 所(科技大学 41 所、技术学院 37 所),学生数为 661502 人。此外,台湾地区的高校师资一般均具有留学欧美的背景,学术水准较高。可以说,无论从教师数量、质量还是学生规模来说,高等职业教育在台湾地区大学教育体系中占有重要的地位。

根据福建省教育厅的统计数据,2009 年全国在校生平均每万人口中进入普通高等教育的是 181.19 人,福建省是 187.12 人;全国成人受高等教育的平均每万人中有 40.73 人,福建省是 27.3 人。高等职业院校的跨越式发展为大陆现代化建设培养了大量面向生产、建设、服务和管理一线需要的高技能人才,已经成为高等教育的重要组成部分。但是,由于大陆高职院校办学时间短,办学条件差,学术底蕴不深厚,因此在教学质量上存在着一些问题,人文素养培育的缺失现象也较为突出。因此,引进台湾地区优秀的师资可以带动福建提升高等教育竞争力。目前福建省政府还专门设立了一个海峡两岸合作引进台湾师资的专项基金,统筹规划,这是一项吸引台湾专才来闽工作的良好机制。

根据福建省教育厅统计处 2010 年 12 月的数据统计,福建省1999—2000 年职业院校的教师、学生人数统计数据如下:

教职工数：

（1）普通高等学校教职工总人数：1999 年 20972 人，2000 年 21826 人；专任教师总人数：1999 年 8853 人，2000 年 9779 人。

（2）中等专业学校教职工总人数：1999 年 12825 人，2000 年 12412 人；专任教师总人数：1999 年 7162 人，2000 年 6920 人。

（3）职业中学教职工总人数：1999 年 14510 人，2000 年 14233 人；专任教师总人数：1999 年 10770 人，2000 年 10382 人，减少 388 人。

学生数：

（1）研究生学校总数：1999—2000 年没有统计数目；招生数：1999 年 1562 人，2000 年 2179 人；在校学生数：1999 年 3907 人，2000 年 5134 人；毕业生数：1999 年 889 人，2000 年 929 人。

（2）普通高等学校总数：1999 年 30 所，2000 年 28 所；招生数：1999 年 38710 人，2000 年 50563 人；在校学生数：1999 年 102589 人，2000 年 131349 人；毕业生数：1999 年 20691 人，2000 年 21891 人。

（3）中等专业学校总数：1999 年是 118 所，2000 年也是 118 所；招生数：1999 年 43034 人，2000 年 34819 人；在校学生数：1999 年 128881 人，2000 年 129041 人；毕业生数：1999 年 32075 人，2000 年 33130 人。

（4）职业中学学校总数：1999 年 266 所，2000 年 262 所；招生数：1999 年 73003 人，2000 年 74985 人；在校学生数：1999 年 180585 人，2000 年 184902 人；毕业生数：1999 年 52865 人，2000 年 57863 人。

（5）成人高等教育学校总数：1999 年 20 所，2000 年 18 所；招生数：1999 年 23430 人，2000 年 25629 人；在校学生数：1999 年

57891 人,2000 年 63663 人;毕业生数:1999 年 16690 人,2000 年
16742 人。

（6）成人中等专业学校总数:1999 年 221 所,2000 年 217 所;
招生数:1999 年 22858 人,2000 年 21301 人;在校学生数:1999 年
62078 人,2000 年 60683 人;毕业生数:1999 年 22339 人,2000 年
18989 人。

2009—2010 年的数据统计如下:

教职工数:

（1）普通高等教育教职工总人数:2009 年 56334 人,2010 年
58660 人;专任教师总人数:2009 年 35841 人,2010 年 37733 人。

（2）成人高等教育教职工总人数:2009 年 1817 人,2010 年
1093 人;专任教师总人数:2009 年 1061 人,2010 年 608 人。

（3）中等职业学校教职工总人数:2009 年 23747 人,2010 年
23667 人;专任教师总人数:2009 年 18290 人,2010 年 17993 人。

（4）技工学校教职工总人数:2009 年 4920 人,2010 年 4930
人;专任教师总人数:2009 年 3812 人,2010 年 3879 人。

学生数:

（1）研究生学校总数:2009—2010 年没有统计数目;招生数:
2009 年 9934 人,2010 年 10313 人;在校学生数:2009 年 29012
人,2000 年 30933 人;毕业生数:2009 年 7790 人,2010 年
8159 人。

（2）普通高等学校总数:2009 年 86 所,2010 年 84 所;招生数:
2009 年 193675 人,2010 年 202473 人;在校学生数:2009 年
606284 人,2010 年 647774 人;毕业生数:2009 年 142814 人,2010
年 153449 人。

（3）成人高等教育学校总数:2009 年 7 所,2010 年 4 所;招生

数:2009 年 32661 人,2010 年 36025 人;在校学生数:2009 年 99471 人,2010 年 99038 人;毕业生数:2009 年 31092 人,2010 年 34699 人。

(4)中等职业学校总数:2009 年 312 所,2010 年 298 所;招生数:2009 年 234002 人,2010 年 201482 人;在校学生数:2009 年 540020 人,2010 年 536047 人;毕业生数:2009 年 149669 人,2010 年 155293 人。

(5)技工学校总数:2009 年 93 所,2010 年 95 所;招生数:2009 年 31532 人,2010 年 35366 人;在校学生数:2009 年 88226 人,2010 年 85300 人;毕业生数:2009 年 23496 人,2010 年 25141 人。

闽台两地教职工人数比较之下,可见引进台湾地区优秀的师资力量有利于提升福建高等职业教育的竞争力。

六、鼓励台湾青年来闽创业

平潭是闽台交流的一块"真宝地",也是一个重要的交通枢纽。平潭综合实验区城市建设是闽台合作和国家对外开放的窗口,深化海峡两岸文化交流与合作是两岸同胞的共同愿望,推动两岸关系和平发展是共同的心愿。两岸青年是未来的希望,在两岸青年的共同努力下,加强闽台之间多领域、全渠道的交流与合作,将党的十九大精神贯彻落实到行动中,一定能为两岸统一做出贡献。

2015 年 6 月 4 日,福建省人民政府出台了《关于鼓励和支持台湾青年来闽创业就业的意见》,制定《台湾青年创业基地奖励办法》,福建省各地市出台相应的配套优惠政策,支持台湾青年来闽创办各种形式的企业,对创办科技型、文化创意型、互联网中小企业等创业项目,各地政府提供资金、企业场地、政策优惠等方面的支持。对引进台湾青年创业企业且实实在在经营一年以上,有实际业绩的,省财政将发放一定金额的奖励金,支持企业继续发展。2017 年 3 月,《福建省引进台湾高层次人才"百人计划"遴选办法(试行)》等文件印发,面向台湾地区创新创业人才发布"招贤榜",鼓励支持台湾地区高层次人才、优秀人才来闽创业。对于创业领军人才或创业优秀团队,各地政府、省人才办将给予经费补贴。对于台湾青年科技人员参与两岸共同关注的重大科学问题和关键技术问题研究的,给予立项资助。解决台湾青年来闽工作的顾虑,提供法律咨询、资金贷款等,高等院校可组织闽台青年创业联盟,建立一支优秀的创业团队,深化闽台交流与合作。

七、探索闽台高校之间的课程开发

2015 年 7 月 30 日,习近平总书记在中共中央政治局就中国人民抗日战争的回顾和思考进行的第二十五次集体学习会上强调,要推动海峡两岸史学界共享史料、共写史书,共同捍卫民族尊严和荣誉。例如,我们可以在福建商学院的强项专业会计、工商管理、金融、美术等上先着手进行,推动两岸在教科书合作上的尝试,解开历史的心结。还应发挥好福建商学院与台湾地区各自的优势资源,拓宽教育领域的渠道,开拓合作办学的国际化视野。如增设"博雅通识教育模块",一是关注学生语言能力的培养,将国际上先进的英语教育体系与雅思或托福考试结合以提高学生的英语实战能力,设计应用写作等专项训练课程,提高学生对中文的驾驭能力。二是优化整合公共选修课体系,增设如网球课、高尔夫球课、古典音乐鉴赏课等特色选修课程以提升学生品位和气质。

八、建立海峡两岸人才储备交流窗口

高等教育的主体实践人为青年一代,青年问题事关两岸关系未来发展走向。因此,海峡两岸高等教育合作应当以加强两岸青年才俊的交流深度和广度为自觉。可以构建海峡两岸人才储备交流窗口:一方面,建立海峡两岸高校的专家学者储备库,充分利用各专家学者的优势和特长,有效地进行专业人才交流;另一方面,建立海峡两岸高校毕业生人才储备库,使之合理地在海峡两岸间流动,以促进高校毕业生的就业。

接下来,我们以福建商学院与台湾育达科技大学交流合作的成就为例,对两岸高等教育交流合作做一个形象具体的了解。

福建商学院(原福建对外经济贸易职业技术学院)为响应教育部及福建省政府、省台办先行先试的政策,为推进海峡两岸职教合作,从2006年开始实施海峡两岸合作项目,与台湾地区职业院校建立了合作关系。2013年,福建对外经济贸易职业技术学院创办的"育达专班",是对"海峡两岸'校校企'联合人才培养"模式的大胆创新,彰显"原汁原味"的人才培养特色,受到各界的广泛关注。"育达专班"把福建对外经济贸易职业技术学院的学生从"送出去"转变为"引进来",全套引进台湾地区课程体系、教学评鉴体系、质量监控体系,完全由台湾地区教学团队实施课程教学、社团辅导、实习就业指导等,学生于第三学期赴台交流学习半年。参加国际证照考试,推行"全人化"教育理念,开展海峡两岸联合教学工作坊、协同教学,开展服务学习、礼貌运动、课后一分钟环保等活动,成立台湾民俗文化社、知行两岸文化社等社团,在校园内开辟原汁原味的"台湾职教特区"。突破传统合作办学的局限,创造性地将台湾地区职教的先进做法与国际本科学分衔接,做到"国际通识、实用教学、言传身教"。具体做法是:

1.个性教育,互动学习

实施全程全员全人化高等教育,因材施教、特别辅导,强调学生的表达及实践能力,通过开放式的互动学习,让学生养成发现问题、解决问题的创新思维及能力。

2.安排导师,融合管理

推行导师责任制,与辅导员分工配合,让每一个学生都得到更好的照顾,如班导师参加早、晚自习巡视,举办民俗节日会营造团聚氛围,让校园的学习生活成为乐趣。

3.培养能力,多彩社团

按照台湾地区学生社团经营方式,由台湾育达科大教师全程指导,于两校同时成立相同社团,让两岸学生通过社团方式,扩大交流层面。

4.全人教育,知行结合

植入生活礼仪、团队合作与职业生涯发展训练课程,实施"尊重、负责、有礼"的品德教育,推行"守时、守信、守法"的三守精神,倡导"腹中有墨、手中有艺、肩上有担、目中有人、脸上有笑、心中有爱"的六有教育。

5.校企合作,深度融合

将校校企合作扩大到台企,以育达专班为基地,为海峡两岸培育企业干部人才,借助企业平台、台商跨境经营经验,通过跨境商务讲座、台资企业介绍、移地学习计划,对接跨境商务的实务操作,达成"专班/企业(台商)/学生"三赢的局面。

6.国际性强,多元出路

所有专业课程均得到境外多国合作院校认可,并由具备国际观的台湾教师授课,针对毕业后职场所需的工作态度、学习意愿与能力、团队合作、工作伦理等进行培育,辅导国际证照考试。毕业生不仅独具国内外升学优势,还有更强的就业竞争力,尤其受到台资企业的青睐,提升就业能量,取得了良好的效果。

结　语

　　海峡两岸的教育都是以中华文化为根本的教育,都承担着繁荣中华文化的历史使命,这为闽台两地教育交流合作创造了良好的前提条件。充分利用中华文化深化两岸高等教育交流合作,在推动台湾地区认同"两岸同属一中"方面的影响,可能比两岸经贸领域互动带来的影响更为深远。目前,闽台两地教育交流合作越来越频繁,规模越来越大,内容越来越丰富,层次越来越高,参与主体越来越多元。青少年学生已成为闽台教育互动的参与主体,通过各种参访交流、文娱大赛、夏令营等活动,大大加深了台湾地区青少年对福建,乃至对大陆的了解和认识,同时也加强了两岸学子的情感交流。而青少年学生是现在和未来促进两岸关系良性互动、增强台湾同胞对祖国的认同感和归属感的重要力量。

　　不少台湾地区教育界人士通过来访,真正体会到改革开放以来大陆各方面发展的实际成果。一位常来福建访问的台湾地区学者对此感慨道:"盖在台湾成长之大小人物,多年局促岛内,胸襟自然而然狭隘,不脱岛臣心态。不至上海,不知大陆之兴旺;不至北京,不知大陆之宏伟;不至东北,不知大陆之富强;不至西南,不知大陆之奇美;不至西北,不知大陆之宽广……"与此同时,福建教育界人士赴台湾地区访问,通过对台湾地区高校的实地考察,亲身感受台湾地区在中小学乃至高校重视中华优秀传统文化教育的氛围,深感福建省加强传统文化教育的必要性和紧迫感。

　　台湾地区高校在人才培养过程中对传承弘扬传统文化所做出的积极有益的实践,无疑是大陆高等院校可以借鉴和研究的。海峡两岸同是中华儿女,有着共同的历史文化渊源,台湾地区在教育方面有许多好的经验和成就值得我们学习和借鉴,我们也有许多好的方面值得他们学习和借鉴,因此进一步加强两岸之间的交流、合作是十分必要的。我们诚挚希望海峡两岸高等院校能进一步携起手来,一起承担传承和弘扬中华民族优秀文化的重任,这也是海峡两岸中华儿女的共同心愿。

参考文献

1.蔡景界.台湾高等职业院校通识教育研究及对大陆高职院校实施通识教育的启示[J].浙江工贸职业技术学院学报,2008(2).

2.楚琼湘,罗迈钦.2012 高等职业教育理论与实践[M].长沙:中南大学出版社,2013.

3.丁守和.关于传统文化与文化传统的思考[J].中国哲学,1999(11).

4.段联合,陈敏直,丁珊.中国传统文化[M].西安:西北大学出版社,2005.

5.龚书铎.略谈中国教育现代化的演进[J].北京师范大学学报(社科版),1995(5).

6.顾明远.教育大辞典(增订合卷本)[M].上海:上海教育出版社,1998.

7.关于实施中华优秀传统文化传承发展工程的意见[N].人民日报,2017-01-26(6).

8.和震.论现代职业教育的内涵与特征[J].中国高教研究,2008(10).

9.胡恒庆.中国传统文化[M].北京:中国人民大学出版社,2017.

10.黄鸿鸿.台湾高等职业教育的发展及其启示[J].集美大学

学报,2004(2).

11.黄新宪.闽台文化教育史论[M].北京:海洋出版社,2010.

12.李洪钧,邓晓春,王华春,等.中华优秀传统文化简论[M].大连:辽宁大学出版社,1994.

13.李申申.传承的使命:中华优秀文化传统教育问题研究[M].北京:人民出版社,2011.

14.李宗桂.试论中国优秀传统文化的内涵[J].学术研究,2013(11).

15.李宗桂.中国文化概论[M].广州:中山大学出版社,1988.

16.刘春生,徐长发.职业教育学[M].北京:教育科学出版社,2002.

17.刘登翰.文化亲缘与两岸关系:以闽台为中心的考察[M].福州:福建人民出版社,2003.

18.马早明,肖昌鑫.台湾高等职业教育政策研究[M].桂林:广西师范大学出版社,2010.

19.庞朴.文化传统与传统文化[J].中国社会科学季刊,1993(3).

20.邵汉明.中国文化研究二十年[M].北京:人民出版社,2006.

21.宋尚桂,王希标.大学通识教育的理论与模式[M].青岛:中国海洋大学出版社,2007.

22.汪知亭.台湾教育史料新编[M].台北:台湾商务印书馆,1978.

23.王先谦.荀子集解[M].第2册.上海:上海书店出版社,1986.

24.韦政通.中国文化概论[M].长春:吉林出版集团有限责任公司,2008.

25.习近平.在中央党校建校80周年庆祝大会暨2013年春季

学期开学典礼上的讲话[N].人民日报,2013-03-07.

26.杨辉.研究与比较:海峡两岸高等高等教育[M].上海:上海人民出版社,2010.

27.杨金士,高林.台湾技职教育的过去、现在与未来[M].北京:清华大学出版社,2007.

28.于语和,王景智,周滨.中国传统文化概论[M].天津:天津大学出版社,2001.

29.张宝蓉.台湾高等学校专业设置与调整研究[M].厦门:厦门大学出版社,2011.

30.张岱年,方克立.中国文化概论[M].北京:北京师范大学出版社,2006.

31.张岱年.传统文化与现代化[M].北京:中华书局,1993.

32.张岱年.中国古典哲学中的优良传统[J].高校理论战线,1993(1).

33.张铎严.台湾教育发展史[M].台北:台湾空中大学,2005.

34.张明.台湾高校通识教育课程建设特色及其启示[J].现代教育科学,2015(5).

35.张毅.中国传统文化[M].天津:天津人民出版社,2018.

36.郑金贵.台湾高等教育[M].厦门:厦门大学出版社,2008.

37.庄严.何谓传统文化[J].兰州学刊,1997(2).

附　录

一、2014 年福建省教育概况及 1996—2008 年台湾地区高等职业技术院校概况

表 1　2014 年福建省高等教育学校、教职工、专任教师情况

	学校数（所）	教职工数（人）	专任教师数（人）
高等教育	90	65634	43368
（一）研究生培养机构（不计校数）	15		
1.普通高校	12		
2.科研机构	3	45952	29784
（二）普通高等学校	87		
1.本科院校	32		
其中:独立学院	9	8046	5923
2.高职专科院校	55	18275	12749
3.其他机构（点）（不计校数）	1	517	372
（三）成人高等学校	3	890	463
（四）民办的其他高等教育机构			

表2 2014年福建省中等教育学校、教职工、专任教师情况

	学校数（所）	教职工数（人）	专任教师数（人）
中等教育	2082	201397	169406
（一）高中阶段教育	844	123320	72444
1.高中	545	96963	51602
普通高中	544	96957	51602
完全中学	418	73469	34561
高级中学	103	17920	15674
十二年一贯制学校	23	5568	1367
成人高中	1	6	
2.中等职业教育	299	26357	20842
普通中专	230	21614	17187
成人中专			
职业高中			
技工学校	69	4743	3655
其他机构（教学点）（不计校数）			
（二）初中阶段教育	1238	78077	96962
1.初中	1238	78077	96962
初级中学	1079	66781	59786
九年一贯制学校	159	11296	4596
十二年一贯制学校			1456
完全中学			31124
职业初中			
2.成人初中			

来源：《中国教育年鉴》编辑部.中国教育年鉴 2014［M］.北京：人民教育出版社，2015：519-520.

表3　2014年福建省高等学历教育学生情况

	毕业生数（人）	招生数（人）	在校生数（人）
高等教育			
（一）研究生	10179	12620	38190
博士	979	1256	5205
硕士	9200	11364	32985
（二）普通本专科	187230	213564	730510
本科	94450	121637	457241
专科	92780	91927	273260
（三）成人本专科	34530	56982	143923
本科	15171	20557	53904
专科	19359	36425	90019
（四）其他各类高等学历教育			
1.在职人员攻读硕士学位	4089	14099	
2.网络本专科生	24598	29634	61206
本科	13308	15767	34030
专科	11290	13867	27176

来源：《中国教育年鉴》编辑部.中国教育年鉴2014[M].北京：人民教育出版社，2015：520-522.

表4　2014年福建省中等学历教育学生情况

	毕业生数（人）	招生数（人）	在校生数（人）
中等教育	809587	776285	2360563
（一）高中阶段教育	438214	390218	1252337
1.高中	231857	209370	656622

续表

	毕业生数（人）	招生数（人）	在校生数（人）
普通高中	231800	209370	656488
完全中学	156695	139137	439670
高级中学	68961	63753	198019
十二年一贯制学校	6144	6480	18799
成人高中	57		134
2.中等职业教育	206357	180848	595715
普通中专	102250	101328	297044
成人中专	48561	53712	228007
职业高中			
技工学校	55546	25808	70664
（二）初中阶段教育	371373	386067	1108226
1.初中	371373	386067	1108226
初级中学	219337	216105	625365
九年一贯制学校	14710	16992	46803
十二年一贯制学校	8641	8604	26491
完全中学	128685	144366	409567
职业初中			
2.成人初中			

来源：《中国教育年鉴》编辑部.中国教育年鉴 2014［M］.北京：人民教育出版社,2015:520-522.

表5　2014年福建省各级各类民办学校数、毕业生数、招生数、
在校生数、教职工数、专任教师数等情况

	学校数（所）	毕业生数（人）	招生数（人）	在校生数（人）	教职工数（人）	专任教师数（人）	其他学生数（人）
一、民办高等教育							
（一）民办高校	35	50908	61926	204746	16462	11344	6152
硕士							
本科学生		25125	34910	129155			
专科学生		25783	27016	75591			
其中:独立学院	9	20271	26118	101887	8046	5923	
本科学生		20271	26118	101887			
专科学生							
（二）民办其他高等教育机构							
二、民办中等教育							
（一）高中阶段教育	122	35058	34586	108311	16423	12227	
1.民办普通高中	69	44249	49501	144208	6273	4730	
2.民办中等职业教育	43	9795	11836	36486	1879	1277	4464
（二）初中阶段教育	69	44249	49501	144208	6273	4730	
1.民办普通初中	69	44249	49501	144208	6273	4730	
2.民办职业初中							
三、民办普通小学	84	16535	23034	113947	3596	2656	
四、民办幼儿园	5248	251172	306199	777489	79882	4281	

来源:《中国教育年鉴》编辑部.中国教育年鉴2014[M].北京:人民教育
出版社,2015:522.

表6　1996—2006年台湾地区高等职业技术院校数

学制 \ 年	1996	1997	1998	1999	2000	2001	2002	2003	2004	2005	2006
科技大学	0	5	6	7	11	12	15	20	22	22	23
技术学院	10	15	20	40	51	55	56	53	53	54	46
专科学校	70	61	53	36	23	19	15	15	14	15	16
职业学校	204	204	201	199	188	178	170	164	161	161	156
大学院校附设二级院系	16	20	23	22	25	25	37	34	31	31	39

来源:杨辉.研究与比较:海峡两岸高等职业教育[M].上海:上海人民出版社,2010:17.

从表6中我们可以看出1996—2006年台湾地区职业院校的变化情况,即本科层次的职业教育呈现一种上升的趋势,专科及专科以下层次的职业教育则呈现递减的趋势。

根据台湾地区教育事务主管部门2005年1月公布的"公私立技专院校一览表",共设有公立科技大学8所、私立科技大学14所、公立技术学院8所、私立技术学院46所、公立专科学校4所及私立专科学校11所。其中5所公立科技大学及2所私立科技大学设博士班,公私立科技大学均设硕士班,而技术学院中设立硕士班者有27所。至此,台湾地区构建了由专科学校、技术学院和科技大学组建的高等职业技术教育系统,正式形成了与普通高等教育体系平行的、地位平等的职业教育体系,实现了高等职业教育的跨越式发展。

二、福建省 2000 年学校教育师生分布情况

表 7　福建省 2000 年学校数

类别	学校数(所)		
	当年	上年	比上年增减(＋－)
总计	46498	47926	－1428
研究生	—	—	—
其中:省属研究生	—	—	—
普通高等学校	28	30	－2
其中:省属高校	26	28	－2
中等专业学校	118	118	0
中等技术学校	93	92	1
中等师范学校	25	26	－1
普通中学	1921	1893	28
初　　中	1444	1453	－9
高　　中	477	440	37
职业中学	262	266	－4
初　　中	4	5	－1
高　　中	258	261	－3
小学	13935	14355	－420
幼儿园	11885	12522	－637
特殊教育学校	76	74	2
工读学校	—	—	—

续表

类别	学校数（所）		
	当年	上年	比上年增减（＋－）
成人高等学校	18	20	－2
广播电视大学	2	2	0
职工高等学校	8	9	－1
管理干部学校	4	4	0
教育学院	4	5	－1
夜大学	—	—	—
函授部	—	—	—
成人脱产班	—	—	—
成人中等专业学校	217	221	－4
广播电视中等专业学校	5	5	0
职工中等专业学校	94	95	－1
干部中等专业学校	27	31	－4
农民中等专业学校	16	14	2
函授中等专业学校	2	2	0
教师进修学校	73	74	－1
成人中学	36	46	－10
初　中	8	13	－5
高　中	28	33	－5
成人初等学校	6278	6373	－95
小学班	2574	2638	－64
扫盲班	3704	3735	－31
成人技术培训学校	11724	12008	－284

表 8　福建省 2000 年毕业生数

类别	毕业生数（人）		
	当年	上年	比上年增减（＋－）
总计	4542522	4585815	－43293
研究生	929	889	40
其中:省属研究生	347	317	30
普通高等学校	21891	20691	1200
其中:省属高校	18749	17270	1479
中等专业学校	33130	32075	1055
中等技术学校	24443	21450	2993
中等师范学校	8687	10625	－1938
普通中学	690377	642449	47928
初　　中	611954	578425	33529
高　　中	78423	64024	14399
职业中学	57863	52865	4998
初　　中	1656	1650	6
高　　中	56207	51215	4992
小学	686385	695885	－9500
幼儿园	442873	481572	－38699
特殊教育学校	7483	5891	1592
工读学校	—	—	—
成人高等学校	16742	16690	52
广播电视大学	5754	6118	－364

续表

类别	毕业生数（人）		
	当年	上年	比上年增减（＋－）
职工高等学校	868	534	334
管理干部学校	2124	2339	－215
教育学院	1109	981	128
夜大学	1662	1829	－167
函授部	3438	3235	203
成人脱产班	1787	1654	133
成人中等专业学校	18989	22339	－3350
广播电视中等专业学校	5404	4545	859
职工中等专业学校	7954	7662	292
干部中等专业学校	1306	11636	－330
农民中等专业学校	1141	1239	－98
函授中等专业学校	1980	2129	－149
教师进修学校	1204	5128	－3924
成人中学	1178	2416	－1238
初　中	592	1004	－412
高　中	586	1412	－826
成人初等学校	105851	120552	－14701
小学班	46999	55781	－8782
扫盲班	58852	64771	－5919
成人技术培训学校	2458831	2491501	－32670

表 9　福建省 2000 年招生数

类别	招生数（人）		
	当年	上年	比上年增减（＋－）
总计	4387396	4261777	125619
研究生	2179	1562	617
其中:省属研究生	864	601	263
普通高等学校	50563	38710	11853
其中:省属高校	44311	33501	10810
中等专业学校	34819	43034	－8215
中等技术学校	34179	39461	－5282
中等师范学校	640	3573	－2933
普通中学	818116	799307	18809
初　中	666318	673874	－7556
高　中	151798	125433	26365
职业中学	74985	73003	1982
初　中	1322	1286	36
高　中	73663	71717	1946
小学	493384	528644	－35260
幼儿园	436714	463737	－27023
特殊教育学校	6279	6089	190
工读学校	—	—	—
成人高等学校	25629	23430	2199
广播电视大学	5533	6170	－637

续表

类别	招生数（人）		
	当年	上年	比上年增减（＋－）
职工高等学校	2088	1436	652
管理干部学校	2335	3434	－1099
教育学院	3820	2290	1530
夜大学	1422	1995	－573
函授部	7837	5500	2337
成人脱产班	2594	2605	－11
成人中等专业学校	21301	22858	－1557
广播电视中等专业学校	4952	5319	－367
职工中等专业学校	9165	9210	－45
干部中等专业学校	1882	2574	－692
农民中等专业学校	1831	1638	193
函授中等专业学校	2545	2364	181
教师进修学校	926	1753	－827
成人中学	1815	3157	－1342
初　　中	829	2255	－1426
高　　中	986	902	84
成人初等学校	81661	101329	－19668
小学班	43330	53029	－9699
扫盲班	38331	48300	－9969
成人技术培训学校	2339951	2156917	183034

表 10　福建省 2000 年在校学生数

类别	在校学生数（人）		
	当年	上年	比上年增减（＋一）
总计	9445456	9481300	－35844
研究生	5134	3907	1227
其中:省属研究生	1953	1441	512
普通高等学校	131349	102589	28760
其中:省属高校	112679	86879	25800
中等专业学校	129041	128881	160
中等技术学校	118675	109615	9060
中等师范学校	10366	19266	－8900
普通中学	2335032	2281355	53677
初　中	1962632	1973559	－10927
高　中	372400	307796	64604
职业中学	184902	180585	4317
初　中	3478	4408	－930
高　中	181424	176177	5247
小学	3691003	3868492	－177489
幼儿园	786387	819102	－32715
特殊教育学校	40708	43201	－2493
工读学校	—	—	—
成人高等学校	63663	57891	5772
广播电视大学	15702	16758	－1056

续表

类别	在校学生数（人）		
	当年	上年	比上年增减（＋－）
职工高等学校	4532	3462	1070
管理干部学校	5909	6849	－940
教育学院	7331	4800	2531
夜大学	5442	5903	－461
函授部	18657	14787	3870
成人脱产班	6090	5332	758
成人中等专业学校	60683	62078	－1395
广播电视中等专业学校	14747	14464	283
职工中等专业学校	25230	25001	229
干部中等专业学校	5003	5177	－174
农民中等专业学校	4216	4100	116
函授中等专业学校	6183	6868	－685
教师进修学校	5304	6468	－1164
成人中学	3424	4777	－1353
初　　中	1504	3344	－1840
高　　中	1920	1433	487
成人初等学校	89568	114718	－25150
小学班	48237	57930	－9693
扫盲班	41331	56788	－15457
成人技术培训学校	1924562	1813724	110838

表 11　福建省 2000 年教职工数

类别	教职工数（人）		
	当年	上年	比上年增减（＋－）
总计	458156	456695	1461
研究生	—	—	—
其中:省属研究生	—	—	—
普通高等学校	21826	20972	854
其中:省属高校	17281	16922	359
中等专业学校	12412	12825	－413
中等技术学校	9893	9728	165
中等师范学校	2519	3097	－578
普通中学	146363	143086	3277
初　中	—	—	—
高　中	—	—	—
职业中学	14233	14510	－277
初　中	—	—	—
高　中	—	—	—
小学	197272	197912	－640
幼儿园	47492	47945	－453
特殊教育学校	1512	1322	190
工读学校	—	—	—
成人高等学校	2641	2654	－13
广播电视大学	873	900	－27

续表

类别	教职工数（人）		
	当年	上年	比上年增减（＋－）
职工高等学校	411	435	－24
管理干部学校	717	714	3
教育学院	640	605	35
夜大学	—	—	—
函授部	—	—	—
成人脱产班	—	—	—
成人中等专业学校	8110	7282	828
广播电视中等专业学校	916	189	727
职工中等专业学校	3038	3037	1
干部中等专业学校	525	668	－143
农民中等专业学校	578	386	192
函授中等专业学校	366	281	85
教师进修学校	2687	2721	－34
成人中学	193	240	－47
初　中	60	73	－13
高　中	133	167	－34
成人初等学校	1234	1953	－719
小学班	784	1053	－269
扫盲班	450	900	－450
成人技术培训学校	4868	5994	－1126

表 12　福建省 2000 年专任教师数

类别	专任教师数（人）		
	当年	上年	比上年增减（＋－）
总计	417306	412932	4374
研究生	—	—	—
其中:省属研究生	—	—	—
普通高等学校	9779	8853	926
其中:省属高校	7949	7433	516
中等专业学校	6920	7162	－242
中等技术学校	5474	5330	144
中等师范学校	1446	1832	－386
普通中学	120667	117312	3355
初　中	97497	98017	－520
高　中	23170	19295	3875
职业中学	10382	10770	－388
初　中	202	276	－74
高　中	10180	10494	－314
小学	183547	183601	－54
幼儿园	39409	40033	－624
特殊教育学校	1261	1086	175
工读学校	—	—	—
成人高等学校	1322	1287	35
广播电视大学	348	359	－11

续表

类别	专任教师数（人）		
	当年	上年	比上年增减（＋－）
职工高等学校	256	269	－13
管理干部学校	382	370	12
教育学院	336	289	47
夜大学	—	—	—
函授部	—	—	—
成人脱产班			
成人中等专业学校	4707	4532	175
广播电视中等专业学校	418	92	326
职工中等专业学校	1687	1911	－224
干部中等专业学校	284	388	－104
农民中等专业学校	354	255	99
函授中等专业学校	123	83	40
教师进修学校	1841	1803	38
成人中学	147	160	－13
初　中	57	55	2
高　中	90	105	－15
成人初等学校	383	545	－162
小学班	272	349	－77
扫盲班	111	196	－85
成人技术培训学校	2355	2048	307

表 13　2000 年全国及福建省在校学生数

类别	每万人中在校学生数（人）	
	全国	福建省
高等学校	9097342	195012
普通高等学校	5358701	131349
其中：地方	4236046	112679
成人高等学校	3738641	63663
中等专业学校	4895159	129041
中等技术学校	4125363	118675
中等师范学校	769796	10366
普通高中	12012643	372400
普通初中	61676458	1962632
职业中学	5032062	184902
小　学	130132548	3691003
幼儿园	22441806	786387

表 14　2000 年全国及福建省每万人中在校学生数

类别	每万人中在校学生数（人）	
	全国	福建省
普通高等学校	42.56	39.61
其中：地方	33.64	33.98
成人高等学校	29.69	19.20
中等专业学校	38.88	38.91
中等技术学校	32.76	35.79
中等师范学校	6.11	3.13
普通高中	95.41	112.3
普通初中	489.85	591.87

续表

类别	每万人中在校学生数(人)	
	全国	福建省
职业中学	39.97	55.76
小　学	1033.54	1113.09
幼儿园	178.24	237.15

说明:以上根据教育部全国汇总的数据。全国以 1999 年人口数计算,福建省为 3316 万人,但福建省 1999 年公安年报数为 3284 万人,因此以上数据与福建省汇总资料数据不一致。

表 15　2000 年福建省学校数量居全国位数

类别	福建省学校数量居全国位数	
	当年	上年
高等学校	19	17
普通高等学校	14	11
其中:地方	13	9
成人高等学校	26	19
中等专业学校	13	13
中等技术学校	10	12
中等师范学校	28	25
普通高中	10	15
普通初中	4	1
职业中学	8	9
小　学	14	13
幼儿园	4	3

三、福建省 2010 年学校教育师生分布情况

表 16　福建省 2010 年学校数

类别	学校数（所）		
	当年	上年	比上年增减（＋－）
总计	19747	22978	－3231
研究生	—	—	—
其中:省属研究生	—	—	—
普通高等教育	84	86	－2
本科院校	31	29	2
高职高专校	53	57	－4
其中:省属高校	82	84	－2
本科院校	29	27	2
高职高专校	53	57	－4
其中:成人高校普通招生	—	—	—
成人高等教育	4	7	－3
中等职业学校	298	312	－14
技工学校	95	93	2
职业技术培训机构	2531	3597	－1066
普通中学	1903	1936	－33
初中	1328	1330	－2
高中	575	606	－31
小学	6974	7849	－875
幼儿园	6179	7137	－958

续表

类别	学校数（所）		
	当年	上年	比上年增减（＋－）
特殊教育学校	71	73	－2
成人中学	11	23	－12
初中	9	10	－1
高中	2	13	－11
成人初等学校	1597	1865	－268
小学班	15	5	10
扫盲班	1582	1860	－278

表 17　福建省 2010 年毕业生数

类别	毕业生数（人）		
	当年	上年	比上年增减（＋－）
总计	3093218	3259896	－166678
研究生	8159	7790	369
其中:省属研究生	4170	3990	180
普通高等教育	153449	142814	10635
本科院校	71708	66158	5550
高职高专校	81741	76656	5085
其中:省属高校	144207	133207	11000
本科院校	62798	56959	5839
高职高专校	81409	76248	5161
其中:成人高校普通招生	1282	3955	－2673
成人高等教育	34699	31092	3607

续表

类别	毕业生数（人）		
	当年	上年	比上年增减（＋－）
中等职业学校	155293	149669	5624
技工学校	25141	23496	1645
职业技术培训机构	1083253	1289831	－206578
普通中学	718831	726882	－8051
初中	478531	477911	620
高中	240300	248971	－8671
小学	396060	439042	－42982
幼儿园	393157	383198	9959
特殊教育学校	5993	6609	－616
成人中学	13137	5053	8084
初中	13000	4900	8100
高中	137	153	－16
成人初等学校	106046	54420	51626
小学班	196	31	165
扫盲班	105850	54389	51461

表 18 福建省 2010 年招生数

类别	招生数（人）		
	当年	上年	比上年增减（＋－）
总计	2071578	2048568	23010
研究生	10313	9934	379
其中:省属研究生	5482	5368	114
普通高等教育	202473	193675	8798

续表

类别	招生数（人）		
	当年	上年	比上年增减（±）
本科院校	103865	95953	7912
高职高专校	98608	97722	886
其中:省属高校	191946	182454	9492
本科院校	93646	85169	8477
高职高专校	98300	97285	1015
其中:成人高校普通招生	1961	3021	−1060
成人高等教育	36025	32661	3364
中等职业学校	201482	234002	−32520
技工学校	35366	31532	3834
职业技术培训机构	—	—	—
普通中学	626233	664554	−38321
初中	383157	426079	−42922
高中	243076	238475	4601
小学	426005	404000	22005
幼儿园	529106	473200	55906
特殊教育学校	4575	5010	−435
成人中学	—	—	—
初中	—	—	—
高中	—	—	—
成人初等学校	—	—	—
小学班	—	—	—
扫盲班	—	—	—

表 19　福建省 2010 年在校学生数

类别	在校学生数（人）		
	当年	上年	比上年增减（＋－）
总　计	8082301	8366167	－283866
研究生	30933	29012	1921
其中:省属研究生	16042	14740	1302
普通高等教育	647774	606284	41490
本科院校	365516	336813	28703
高职高专校	282258	269471	12787
其中:省属高校	605049	563876	41173
本科院校	323720	295491	28229
高职高专校	281329	268385	12944
其中:成人高校普通招生	4697	11277	－6580
成人高等教育	99038	99471	－433
中等职业学校	536047	540020	－3973
技工学校	85300	88226	－2926
职业技术培训机构	1018468	1254499	－236031
普通中学	1982132	2134276	－152144
初中	1275763	1415209	－139446
高中	706369	719067	－12698
小学	2388917	2397594	－8677
幼儿园	1166278	1077218	89060
特殊教育学校	32048	34097	－2049
成人中学	13151	5337	7814
初中	13000	5028	7972
高中	151	309	－158

续表

类别	在校学生数（人）		
	当年	上年	比上年增减（＋－）
成人初等学校	82215	100133	－17918
小学班	291	145	146
扫盲班	81924	99988	－18064

表 20　福建省 2010 年预计毕业生数

类别	预计毕业生数（人）		
	当年	上年	比上年增减（＋－）
总计	1478388	1516103	－37715
研究生	10210	10063	147
其中:省属研究生	4974	4800	174
普通高等教育	178637	158329	20308
本科院校	82609	75094	7515
高职高专校	96028	83235	12793
其中:省属高校	167989	148061	19928
本科院校	72263	65177	7086
高职高专校	93847	78832	15015
其中:成人高校普通招生	1879	4052	－2173
成人高等教育	31894	33162	－1268
中等职业学校	180382	170175	10207
技工学校	—	—	—
职业技术培训机构	—	—	—
普通中学	703891	746886	－42995

续表

类别	预计毕业生数（人）		
	当年	上年	比上年增减（＋－）
初中	472881	501016	－28135
高中	231010	245870	－14860
小学	373374	397488	－24114
幼儿园	－	－	－
特殊教育学校	－	－	－
成人中学	－	－	－
初中	－	－	－
高中	－	－	－
成人初等学校	－	－	－
小学班	－	－	－
扫盲班	－	－	－

表 21　福建省 2010 年教职工数

类别	教职工数（人）		
	当年	上年	比上年增减（＋－）
总计	512956	500833	12123
研究生	－	－	－
其中:省属研究生	－	－	－
普通高等教育	58660	56334	2326
本科院校	41618	38757	2861
高职高专校	17042	17577	－535
其中:省属高校	51318	49046	2272

续表

类别	教职工数（人）		
	当年	上年	比上年增减（＋－）
本科院校	34276	31469	2807
高职高专校	17042	17577	－535
其中:成人高校 普通招生	—	—	—
成人高等教育	1093	1817	－724
中等职业学校	23667	23747	－80
技工学校	4930	4920	10
职业技术培训机构	15623	9633	5990
普通中学	172158	172383	－225
初中	—	—	—
高中	—	—	—
小学	166290	166446	－156
幼儿园	63743	57873	5870
特殊教育学校	1815	1753	62
成人中学	32	48	－16
初中	20	34	－14
高中	12	14	－2
成人初等学校	4945	5879	－934
小学班	—	—	—
扫盲班	4945	5879	－934

表 22　福建省 2010 年专任教师数

类别	专任教师数（人）		
	当年	上年	比上年增减（＋－）
总　计	417306	412932	4374
研究生	—	—	—
其中:省属研究生	—	—	—
普通高等教育	37733	35841	1892
本科院校	26404	24175	2229
高职高专校	11329	11666	－337
其中:省属高校	34023	32186	1837
本科院校	22694	20520	2174
高职高专校	11329	11666	－337
其中:成人高校普通招生	—	—	—
成人高等教育	608	1061	－453
中等职业学校	17993	18290	－297
技工学校	3879	3812	67
职业技术培训机构	6087	4410	1677
普通中学	151469	151785	－316
初中	99333	99446	－113
高中	52136	52339	－203
小学	156601	156779	－178
幼儿园	38913	36750	2163
特殊教育学校	1599	1533	66

续表

类别	专任教师数（人）		
	当年	上年	比上年增减（＋－）
成人中学	25	37	－12
初中	20	26	－6
高中	5	11	－6
成人初等学校	2399	2634	－235
小学班	—	—	—
扫盲班	2399	2634	－235

表 23　2010 年全国及福建省每万人在校学生数

类别	每万人中在校学生数（人）	
	全国	福建省
高等教育	221.92	214.42
普通高等教育	181.19	187.12
成人高等教育	40.73	27.30
中等职业教育	137.97	147.78
普通高中	184.36	194.76
普通初中	400	351.75
职业初中	—	—
小　学	755.05	658.64
幼儿园	226.10	321.56

　　说明：以上数据根据教育部全国汇总数测算。全国以 2009 年人口数计算，福建省 3627 万人，但福建省 2009 年公安年报数为 3499 万人。

表 24 福建省 2009 年、2010 年每万人在校生数居全国位数

类别	每万人在校生本省居全国位数（人）		
	2009 年	2010 年	备注
高等教育	15	13	
普通高等学校	13	11	
成人高等学校	24	24	
中等职业学校	7	11	高中阶段
普通高中	11	11	
普通初中	16	20	
小　学	22	21	
幼儿园	2	2	